Edición de celebración

Una historia de amor

El milagro *de la* ADOPCIÓN

CONOCE SU SIGNIFICADO, PROCESO Y PROPÓSITO

REBECA SEGEBRE

Para otros materiales, visítanos en:
EditorialGuipil.com

© 2020 por Rebeca Segebre
El milagro de la adopción
Todos los derechos reservados

Publicado por **Editorial Güipil**
Miami, FL - Charlotte, NC Estados Unidos de América

Reservados todos los derechos. Ninguna porción ni parte de esta obra se puede reproducir, ni guardar en un sistema de almacenamiento de información, ni transmitir en ninguna forma por ningún medio (electrónico, mecánico, de fotocopiado, grabación, etc.) sin el permiso previo de los editores, excepto para breves citas y reseñas.

Esta publicación contiene las opiniones e ideas de su autor. Su objetivo es proporcionar material informativo y útil sobre los temas tratados en la publicación. Se vende con el entendimiento de que el autor y el editor no están involucrados en la prestación de servicios financieros, de salud o cualquier otro tipo de servicios personales y profesionales en el libro. El lector debe consultar a su consejero personal u otro profesional competente antes de adoptar cualquiera de las sugerencias de este libro o extraer deducciones de ella. El autor y el editor expresamente niegan toda responsabilidad por cualquier efecto, pérdida o riesgo, personal o de otro tipo, que se incurre como consecuencia, directa o indirectamente, del uso y aplicación de cualquiera de los contenidos de este libro.

Versículos bíblicos indicados con NTV han sido tomado de la Santa Biblia, Nueva Traducción Viviente, © Tyndale House Foundation 2008, 2009, 2010. Usado con permiso de Tyndale House Publishers, Inc., 351 Executive Dr., Carol Stream, IL 60188, Estados Unidos de América. Todos los derechos reservados.

Editorial *Güipil*

Editorial Güipil. Edición especial. 2020
www.EditorialGuipil.com

Diseño y mercadeo: Victor Aparicio / Vive360Media.com

ISBN-13: 978-0-9992367-7-2

Categoría: Familia / Matrimonio / Vida cristiana / Inspiración

Elogios

«Las palabras sencillas y emotivas de este libro me inspiraron de tal forma que mi vida ya no es la misma. Al poco tiempo, mi esposo y yo tomamos la decisión de adoptar en la China. Al igual que en la historia de Rebeca, cuando vimos a nuestra hija, fue amor a primera vista. Desde que la vi, supe que esa era mi hija. Gracias a este testimonio, hoy Esther es una niña feliz con nosotros, su familia. La amamos inmensamente. Este es un amor inexplicable que creo que puede entender cualquier padre adoptivo. Para nosotros la adopción ha sido un honor y nos sentimos honrados de que Dios nos haya elegido para tan preciosa labor».

ROCÍO
Madre adoptiva de Esther

«Rebeca, te felicito por este libro. Creo que será de mucha bendición como lo fue para nosotros a la hora de tomar la decisión de adoptar. Tus palabras nos llenaron de paz y de seguro que la sentirán también los que decidan ser padres adoptivos. Me encanta verlos a ustedes con sus niños. ¡Qué bendición!»

LETY
Madre adoptiva de dos niños

Dedicatoria

A David Mark:

La emoción de verte es algo que comenzó el día que vi la primera foto que me enviaron de Rusia y continúa creciendo cada vez que te noto cerca. Eres un verdadero tesoro del cielo. Tus ojos me cautivaron desde el primer momento y me tienen presa de amor. A Dios le pido sabiduría para criarte y que las cuerdas de su amor nos mantengan unidos por siempre.

A Julia Amanda:

Julia, mami quiso que te llamaras «Amanda» porque este nombre significa «amada». Definir la palabra amor sin usar lo divino es imposible por completo. Aun así, en mi intento, yo diría que el amor involucra que te escojan y escoger. El que ama, puede decir: «Confieso que amo», pues puede identificar al ser que escogió. El ser que es amado se siente escogido. ¿Por qué se llama mi hija Julia Amanda? Mi hija se llama Julia «Amada» porque yo decidí amarla. Ella es la persona sobre la que se derrama mi corazón y mi ser.

Esta nueva edición del libro *El milagro de la adopción* fue publicada con el fin de honrar y celebrar el mensaje de la adopción. La historia no ha sido modificada de su versión original publicada en el año 2011, aunque algunos hechos han cambiado con el paso del tiempo.

A la fecha, el Señor, mi Padre celestial, me ha bendecido con una nueva vida y con un nuevo esposo diferente al de la historia de este libro.

El milagro de la adopción sigue siendo una celebración del mensaje de que nuestro Padre celestial nos ha adoptado como sus hijos, y también es un llamado a Su encomienda de visitar y velar por los huérfanos.

- Rebeca Segebre

Agradecimientos

Gracias a mami, Carmen, por sus continuas oraciones, consejos de madre y por haber cuidado de nuestra casa y de nuestra perrita, Lola, mientras viajamos tres veces a Rusia.

Gracias a todos nuestros amigos que estuvieron orando en la iglesia por nosotros por un buen regreso a casa.

Gracias a nuestros amigos del boletín electrónico de adopción por su apoyo y oraciones.

Contenido

Introducción 11

Capítulo I
La infertilidad 17

Capítulo II
La decisión de adoptar 33

Capítulo III
Mi entrada al mundo del huérfano 47

Capítulo IV
¿Dónde están mis hijos en este mundo?................ 67

Capítulo V
Lo difícil de la espera 81

Capítulo VI
Mis primeras impresiones de Rusia 95

Capítulo VII
El día que nos conocimos 117

Capítulo VIII
El estrés de la gran espera 143

Capítulo IX
La noticia más importantea 177

Capítulo X

Nuestras primeras experiencias en familia 205

Capítulo XI

El trabajo de una madre del corazón 233

Capítulo XII

El extravagante amor de Dios 253

Epílogo *273*

Conoce a la autora 281

Recursos para seguir tu transformación 285

Introducción

La adopción es un largo viaje que nos conduce a través de una serie de obstáculos que se deben vencer si queremos recibir esa hermosa recompensa. Por eso, quiero mostrarte en este libro nuestra peregrinación durante el proceso de la adopción, a la vez que te revelo sus aspectos sociales, culturales y espirituales. Una vez dicho esto, piensa en lo siguiente:

- *El milagro de la adopción* es por el corazón de Dios, debido a los ciento cuarenta y tres millones de huérfanos en el mundo que Él quiere amar por medio de nosotros.

- *El milagro de la adopción* es por los padres, debido a los procesos y a los desafíos de la adopción.

- *El milagro de la adopción* es por nosotros como hijos de Dios, debido a que es el plan de redención para nuestra vida como una historia de adopción.

Después de mostrar el corazón de Dios hacia el huérfano y la tarea que se nos encomendó a nosotros, la iglesia, para que les cuidemos, debo hacerte dos preguntas: *¿Cuál es tu lugar en el plan de Dios para el huérfano? ¿La adopción forma parte del plan de Dios para tu vida?*

Con el objetivo de responder estas y otras preguntas que quizá tengas respecto a la adopción, al final del libro encontrarás un apéndice que contiene una serie de hojas de trabajo con preguntas que te ayudarán en el proceso de la adopción, si es que a eso te ha llamado Dios. Estas son ideas que he aprendido en grupos de adopción a los que pertenezco desde hace más de cinco años y que son de conocimiento común una vez que nos adentramos en este mundo.

Ahora, quiero hablarte un poco de cómo nació este libro. En sus páginas hay momentos tiernos, como el difícil día en que conocí a mi hijo. Después de largas horas de enamoramiento y lágrimas tratando de ganar su confianza, David, el que hoy es mi hijo, ¡me lanzó un beso de lejos! Al principio, mi esposo se puso celoso, pues ya no era el único muchacho de hermosos ojos celestiales que tiene el derecho a besarme.

Sin duda, ¡este es un libro interesante y cautivador! En primer lugar, no soy una madre adoptiva que escribe un libro, sino que soy una escritora que Dios le concedió la dicha de adoptar. Entonces, como escribir para mí no es una tarea sino un placer, mi manera de expresarme, guardaba en un diario electrónico mis experiencias y las enseñanzas que me iba dando Dios. Sin embargo, las enseñanzas no terminaron con la adopción. Dios continúa moldeando el mensaje en mi corazón y descubriéndolo delante de mis ojos.

Este libro es hermoso para los que les gusta una buena historia, una buena lectura. ¿Cuántos han ido a Rusia?

Al leer este libro, todos se verán caminando por la calle Arbat o comiendo caviar en un restaurante elegante, al estilo de los antiguos zares de la Rusia antes del comunismo.

Este libro te hace pensar en algo que nunca habías considerado. Así que te va a estimular el pensamiento crítico en un importante hecho social y que, como cristianos, debemos saber cuál es nuestra postura y no salir hablando con más ignorancia que la gente que no conoce el amor de Dios.

¡También tiene su parte teológica! Esto es muy bueno, pues de ese modo muchos desearán estudiar la Biblia como quizá no lo hagan desde hace tiempo. En cuanto a los pastores, se pueden relajar, disfrutar de la lectura y, luego, se darán cuenta de la cantidad de aplicaciones que tiene el mensaje de este libro para sus predicaciones. Incluso, les será útil a los autores que necesitan otras historias para explicar la redención de nuestras vidas, del porqué nos llamamos hijos y del porqué sabemos que nos ama Dios. Aquí tienen, mis amigos, nuevos ejemplos que dan gloria a Dios.

Por supuesto, si has pasado por la infertilidad, este libro te ayudará a sanar las heridas que esta enfermedad puede causar en el corazón del hombre y la mujer. Y si algún día Dios te habló de la adopción, con este libro te ahorrarás muchos engaños de personas que no saben lo que hablan. Aquí se aclaran mitos, mientras que a la vez te da los pasos prácticos de una adopción. Como estás a punto de descubrir, este libro no es aburrido ni está lleno de información tediosa, pues lo que necesitas saber lo tendrás escondido dentro de la historia misma.

Aquí aprenderás acerca de la controversia que existe con los niños mayores que esperan, pues tuve esa experiencia de primera mano en un orfanato de Brasil. A decir verdad, se trata de una hermosa y dolorosa historia de la vida real.

Este libro es un desafío para la iglesia, porque después de mostrarte el corazón de Dios hacia el huérfano, te hace una pregunta fundamental: *¿Cuál es mi parte en el mundo del huérfano?* Asimismo, tiene un espacio para que tú, como iglesia y como individuo hagas una promesa, un compromiso delante de Dios hacia el huérfano.

Mi responsabilidad con este libro fue escribirlo. Sin embargo, tu responsabilidad ahora es la de optar por hacer tuyo este mensaje. Si en lugar de hacer esto te quedaras con los brazos cruzados y dijeras: «Ah, no hay nada que se pueda hacer», ¡lee el libro!

Aún recuerdo el día en que Dios me regaló mi casa de seis habitaciones. Mi cuarto y mi baño son tan grandes como el apartamento donde vivía antes. Su localización es perfecta y todo es hermoso a su alrededor. Cuando me senté en el sofá por primera vez, miré el lago y le di gracias a Dios, sentí en mi corazón que Dios me decía: «¡Qué lástima! Esto ha sido lo único grande que me has pedido». Entonces, pensé: «¿Qué quiere Dios que le pida?». De eso hace nueve años y hoy más que nunca entiendo que lo más importante que debemos pedirle es que nos dé la bendición de que nos use en las cosas que le interesan a Él.

Que comencemos a hacer tesoros en el cielo con los recursos que tenemos aquí en la tierra. En la misma cocina de esta bella casa, solo mi esposo y yo, sin hijos, Dios me dijo: «¿Será que te puedo confiar algunos de mis hijos?». Esa pregunta me dio miedo y no me moví porque creía que me moriría, ¡pues sentía que Dios estaba allí!

En este preciso momento, soy portadora de esa misma invitación para ti: «¿Será que te puedo confiar algunos de mis hijos?». ¡Sé mejor que yo! Dile que sí a Dios sin vacilar. Entra en el mundo que Él ve desde los lugares celestiales, un mundo lleno de desesperación... Luego, ¿por qué no te conviertes en un instrumento de bendición al llevarle un poco de esperanza?

En unos instantes más vamos a emprender juntos el camino hacia El milagro de la *adopción*. Mi oración a Dios es que, al final, seas capaz de decirle: «Señor, ¡puedes contar conmigo!».

1
La infertilidad

Un valle oscuro que me condujo a la senda de la adopción

El camino ha sido largo... Recuerdo el momento en que Dios nos llamó a trabajar con matrimonios. Siempre me preguntaba: ¿Por qué nosotros? En realidad, nunca nos sentimos aptos para un trabajo de tal magnitud. Sin embargo, estábamos seguros del llamado de Dios. En obediencia, dimos pasos de fe para comenzar a ministrar como Él nos había pedido que lo hiciéramos.

Por otra parte, estábamos tratando de concebir hijos usando todo tipo de métodos. En esa época me sometí a una operación para arreglar un problema que quizá fuera la causa de mi infertilidad. Aun así, no solucionó el problema. Un tratamiento tras otro solo conducía a sentirnos frustrados, devastados y cansados.

El milagro de la adopción

Esta es la carta que le escribí a mi familia después que fallara uno de esos tratamientos:

Rebeca

Hola, familia:

Ya llegaron los resultados de nuestro tratamiento de fertilidad y, como dicen los brasileños: «No dio cierto». ¡No esta vez!

Quería agradecerles a todos por sus oraciones y por estar pendientes de nosotros en estos momentos de mucho estrés.

La espera es bien agobiante y también frustrante, pues todo salió perfecto en los pasos del tratamiento, excepto que no resultó en embarazo.

> En cuanto a mí, yo cantaré de tu poder; cada mañana cantaré con alegría acerca de tu amor inagotable. Pues tú has sido mi refugio, un lugar seguro cuando estoy angustiado. Oh Fortaleza mía, a ti canto alabanzas, porque tú, oh Dios, eres mi refugio, el Dios que me demuestra amor inagotable.
>
> Salmo 59:16-17

Este Salmo lo escribió David cuando Saúl ordenó que vigilaran la casa de David con el propósito de matarlo, y muestra cuál debe ser la actitud de nuestro corazón en momentos de adversidad.

La infertilidad

> Me imagino a David pensando: «Dios mío, aún no comprendo por qué Saúl me persigue, por qué tú se lo permites y por qué haces que ocurran cosas que me dan ocasión para dudar de tu plan, tu poder y tu amor en mi vida». Sin embargo, David abría su boca para decir en los versículos 9 y 10: «Tú eres mi fuerza; espero que me rescates, porque tú, oh Dios, eres mi fortaleza. En su amor inagotable, mi Dios estará a mi lado y me dejará mirar triunfante a todos mis enemigos».
>
> David sabía que otros eran sus enemigos, pero Dios estaba de su lado. Confiaba en su poder y en su amor. El Dios todopoderoso es mi Padre amoroso: Él tiene todo el poder para hacer lo que quiera... ¡y Él quiere lo mejor para mí!

Tratamientos de fertilidad

Nos casamos en 1992, pero solo hasta el año 2003 decidimos comenzar los tratamientos de fertilidad.

Cuando pienso en la fertilidad, lo que me viene a la memoria son las inyecciones de Novarel y lo mucho que deseaba tener una enfermera que me las aplicara. Al parecer, cualquier persona podía aprender el procedimiento e inyectarme cinco centímetros por debajo del ombligo. Cualquiera que me conozca, bien sabe que el procedimiento no sería fácil. La aguja es solo buena para una sola inyección y el líquido debía permanecer refrigerado. Para comenzar, la dosis era predeterminada y debía mezclarse con agua. Las dos primeras inyecciones son para aprender y la tercera tenía que ir al médico entre las siete y las nueve de la noche. No sé si eran solo mis ideas o mis nervios, ¡pero todo me parecía complicado!

Hay muchas cosas en esta historia que te hacen decir: «Debí haber hecho esto o esto otro». No obstante, nuestra historia de tratar de concebir está llena de anécdotas tristes. Concebir no es algo que hay que «tratar» de hacer, sino que es algo que debe suceder con naturalidad y muy pronto en la relación si los dos cónyuges están sanos.

Cuando no puedes concebir, puedes quedarte desesperada. ¡Muy desesperada! Tan desesperada que puedes decidir quedarte en ese estado porque tienes razón para estar enojada, triste e irritada. La desesperación te puede llevar a tomar malas decisiones o te puede conducir a tomar la mejor decisión de tu vida: Ir a Dios. Esto dará más resultado, así sea para hacerle una pregunta inocentona y tratar con desesperación de encontrar su respuesta, que darle la espalda y escucharle decir: «¿Pondrás en duda mi justicia y me condenarás solo para probar que tienes razón?» (Job 40:8). Ir a Dios desesperados y procurando encontrarlo resultará en exclamar: «Hasta ahora solo había oído de ti, pero ahora te he visto con mis propios ojos» (Job 42:5). Por supuesto, en esos momentos cuando

La infertilidad

podemos «verlo», nos sentimos lo suficiente humildes para arrepentirnos de nuestras palabras necias y decidir vivir el resto de nuestros días como si estuviésemos desesperadas por Él.

El libro de Job es la historia de un hombre desesperado de verdad. Sin embargo, los últimos versículos de este libro nos cuentan que Job «murió siendo muy anciano, después de vivir una vida larga y plena» (Job 42:17). ¡Sí, Job vivió ciento cuarenta años más de vida y pudo ver cuatro generaciones de sus hijos y sus nietos! Job vivió una vida llena de días que se podían contar como días vividos y no solo como días perdidos. A pesar de eso, le tocó aprender que nuestra fe en Dios muchas veces no nos garantiza una vida más fácil que las demás personas, pero lo que sí podemos esperar es la fortaleza para afrontar lo que nos llega con constancia en nuestra fe y estabilidad.

Aquí es donde viene la mayor tentación y es cuando las cosas comienzan a cambiar a nuestro favor y celebramos los logros. En mi caso, los hijos que Dios me dio. En el caso de Job, la salud y la prosperidad que le devolvió Dios. En el caso de Lea, los hijos que Dios le añadió. Entonces, podemos recurrir al camino de lo natural y perder la oportunidad de vivir una vida que persiga siempre la presencia de Dios. Job escogió bien y por eso su vida fue «larga y plena»: Cuarenta y ocho mil cien días más vividos completos en Él.

El milagro de la adopción

Mi decisión de hoy, después que decidí vivir desesperada por Dios, es buscarlo a Él y abrir los ojos para verlo en cada momento de mi vida. Lo importante no fue quedar embarazada y tener hijos biológicos, pues Dios me regaló hijos del corazón. ¿Quiénes son esos niños? Son unos hijos que antes eran huérfanos y que Dios los llamaba sus hijos, pues Él es «Padre de los huérfanos» (Salmo 68:5). Así que en la adopción de mis hijos, mi corazón concibió con el corazón de Dios. Por eso, cada día debo rendirle cuentas a Él como Padre de mis hijos y debo amarlos como los hijos de mi corazón y los hijos del corazón de Dios.

Un cambio radical

La última cosa que quisiera hacer es darte la impresión de que Dios me castigó al no permitirme tener hijos biológicos. Sin embargo, siento que necesito añadir a esta historia que nunca pensamos en hijos en este matrimonio debido a que teníamos muchos problemas en nuestra relación. Por lo tanto, no había nada que nos apurara. Además, yo tenía algunos pensamientos distorsionados acerca de lo que era ser madre. Había un sentimiento de orgullo en cuanto a todo lo relacionado con este asunto. Pensaba que los niños eran solo personas que Dios, en su infinita sabiduría, colocaba en nuestras vidas para que nosotros se los cuidáramos a Él. Asimismo, les daba un amor tan grande a los padres de tal manera que pudieran hacer esta tarea. No obstante, para mí era solo una tarea...

La infertilidad

una tarea gigantesca. Así que después de un tiempo, muy dentro de mí sentí que no merecía ser madre después de haber tenido esa manera tan orgullosa de pensar.

Dios hizo mucho más que perdonarme por esos pensamientos. Él me cambió. Además, usó la adopción para hacer ese cambio en mi vida. Con tal objetivo, Dios primero trabajó en el terreno de mi corazón: Sacó algunas malezas, movió un poco la tierra y, luego, sembró su semilla... ¡la semilla de la adopción! Hoy entiendo su corazón hacia un niño y hacia los seres humanos, incluyendo a los más olvidados y despreciados. Hoy entiendo lo que hace que su corazón llore. Sin embargo, Él me asegura que tiene el control. Y como era su voluntad, aprendería en este viaje que Él es el Padre de aquel que no tiene padre y que les da la gracia aun para vivir como un huérfano.

Al cabo de tres años de lucha, decidimos parar los tratamientos. Todo esto fue después de mucha oración, ya que nuestra familia y nuestros amigos estaban comprometidos a orar por nosotros. En junio de 2005, decidimos darle fin a treinta meses de sufrimiento.

En realidad, no sabemos cómo ni cuándo empezamos a pensar en la adopción, pero los dos nos confesamos mucho tiempo después que habíamos tenido pensamientos privados acerca de la adopción.

Una noche, un amigo mutuo nos llamó para decirnos que, a pesar de que tenía dos hijas, siempre había querido tener un niño varón, pero que debido a que es médico y conocía los riesgos de que su esposa quedara embarazada, estaba considerando la adopción. Fue esta conversación la que Dios usó para que comenzáramos a hablar acerca de nuestros deseos por adoptar.

Estos anhelos ocultos se parecían a las historias de amores secretos que puedes tener con alguien y que todos desconocen, y que tampoco sabes si esa persona siente lo mismo por ti. De pronto, te confiesan que tú has estado en su mente todo el tiempo. En realidad, fue un momento romántico y místico para mi. Mirando las reacciones de nuestros amigos y familiares, sabemos que ellos se sintieron de la misma manera. En su mayoría, lloraron de felicidad y nos contaron cosas íntimas que nos permitieron conocerlos mejor.

Mi madre contó el sentimiento de quedar huérfana de madre a los once años y cuánto le hubiera gustado que la adoptaran.

Su camino es el mejor

Quise hablarte de la infertilidad porque pasé por el dolor de ser estéril y sé que muchas mujeres han pasado o están pasando por ese mismo dolor. Sin embargo, no es mi intención convencerte que la adopción es el camino para

La infertilidad

ti y para todo cristiano aunque fue el camino que Dios escogió para mí. No vengo a decirte que Dios te puede sanar y darte un hijo, aunque estoy convencida que Él es un Dios sanador. Ni tampoco mi intención es decirte que dejes de pedir un hijo biológico y le abras la puerta de tu corazón a un hijo adoptivo.

Quiero dejar bien claro que la infertilidad y la adopción fueron los caminos que Dios usó para llevarme por un viaje al que Él quizá te quiera llevar a ti también. Tal vez ya te hayas percatado de eso o a lo mejor no es así. Con todo, lo más seguro es que Dios usará contigo otras pruebas, otras luchas, pero mi mensaje te será de utilidad mientras recorres el camino porque es un mensaje de esperanza y redención.

El camino que Dios escoja para ti tendrá la misma asignación, pues quiere que sepas dos cosas. En primer lugar, quiere que sepas que Él te ama y, en segundo lugar, quiere amar por medio de ti.

La prueba de la infertilidad le propuso a mi corazón que creciera la amargura y de que dudara de la realidad del amor de Dios y de que Él me ama. No obstante, la infertilidad también me dio la oportunidad de saber que puedo permanecer firme en el amor de Dios a pesar de las circunstancias.

Aún recuerdo el día en que conocí al amigo de una amiga. Este hombre de origen judío se decía ateo porque había pasado por tantas pruebas físicas y accidentes que,

El milagro de la adopción

según su opinión, le parecía imposible que existiera un Dios con escaso sentido de empatía y tuviera en «poco» su dolor. En otras palabras, este hombre, como muchos otros, es un completo ateo que está muy enojado con Dios.

Yo no estoy aquí para decirte cómo salir de tu problema y de qué manera Dios me sanó de mi enfermedad, pues Él nunca me sanó de mi esterilidad. En cambio, estoy aquí para mostrarte mis cicatrices, el lugar de donde sufrí y sangré y cómo Dios redimió esa experiencia, me ayudó a sobrellevarla, a permanecer firme por el gozo de la posibilidad de traer a mi vida algo mayor que lo que yo imaginaria: mis hijos adoptivos David y Julia y la bendición de conocer a muchos otros aún hoy huérfanos. Dios me usó para bendición de David y Julia y me usa hoy para bendecirte a ti también que lees estas letras. Santiago 1:12 dice:

> Dios bendice a los que soportan con paciencia las pruebas y las tentaciones, porque después de superarlas, recibirán la corona de vida que Dios ha prometido a quienes lo aman.

Esto lo dijo el apóstol Santiago, aquel que murió apedreado en el año 62 d. C. mientras esperaba la segunda venida de su Señor Jesucristo.

Muchos queremos que Dios nos dé todo de milagro, pero no todos estamos dispuestos a ser la clase de héroe que nos habla el apóstol Santiago en su carta cuando nos dice que permanezcamos estables en las aflicciones y

La infertilidad

seremos bendecidos al desarrollarse la constancia en la fe en nosotros y, luego, seremos de bendición a otros:

> Amados hermanos, cuando tengan que enfrentar problemas, considérenlo como un tiempo para alegrarse mucho porque ustedes saben que, siempre que se pone a prueba la fe, la constancia tiene una oportunidad para desarrollarse.
>
> **Santiago 1:2-3**

El Salmo 59 de David, el cual vimos antes, me lleva a considerar un aspecto muy importante de nuestra vida y es la relación que existe entre las palabras poder y amor:

> En cuanto a mí, yo cantaré de tu poder; cada mañana cantaré con alegría acerca de tu amor inagotable. Pues tú has sido mi refugio, un lugar seguro cuando estoy angustiado. Oh Fortaleza mía, a ti canto alabanzas, porque tú, oh Dios, eres mi refugio, el Dios que me demuestra amor inagotable.
>
> **Salmo 59:16-17**

Muchas veces, la palabra «poder» es la que resaltamos en los versículos, pero no nos damos cuenta qué tan ligada está a la palabra «amor». Hoy, el amor de Dios me motiva y me controla. Hoy sé que su amor es la fuerza más poderosa. ¡Qué bueno es saber que Él me ama y quiere amar por medio de mí! Yo soy su hija, y eso se demuestra porque su amor reina en mí.

El milagro de la adopción

Si eres una madre adoptiva, de seguro que me entenderás cuando hablo del amor de Dios. Mi deseo para ti y para mí hoy es que su amor invada *todas* nuestras demás relaciones. Está disponible, pero a menudo optar por eso es un gran desafío, lo cual no sucede con nuestros tesoros. ¡Existe un empuje mucho mayor detrás de este amor que nos hace amar con libertad! ¡Gracias le damos a Dios por colocar en el corazón semejante termómetro!

La infertilidad

«Ya verás, en cuanto adoptes, quedarás embarazada y tendrás un bebé».

Esta es la clásica respuesta de los amigos: «En cuanto adoptes, quedarás embarazada». Creo que aunque no lo digan, lo piensan como premio a tu gran corazón. «¿Le ha sucedido esto a alguno de ustedes?», pregunté en mi grupo de adopción de Yahoo y la mayoría me contestó que es lo más común del mundo. En realidad, esto me molestaba muchísimo, pero ya no.

Recuerdo que iba a donde un amigo o un compañero de trabajo y le decía: «¿Sabes que, nos hemos decidido, y vamos a adoptar? Estoy muy emocionada». Entonces, antes de que pudiera decir una palabra más, me interrumpían, con muy pocas excepciones, y me decían: «Ya verás, en cuanto adoptes, vas a tener un bebé». Yo me sentía gritar por dentro: «¿Puedes escucharme gritando en estos momentos?». A decir verdad, uno no sabe qué contestarles en ese instante y lo peor es que algunos añadían cosas como: «Quedarás embarazada, pues una vez que adoptes estarás más relajada». Después, me terminaban contando

El milagro de la adopción

una historia de cómo fulanita de tal adoptó y, luego, quedó embarazada.

La historia más cómica fue la de mi vecino, que ahora es mi cuñado y que tiene un gran corazón. Él me contó la típica historia de su amiga que adoptó, pero lo particular de la historia es que me cuenta en su inglés rudimentario: «Ella quedó embarazada cuando tenía cincuenta y seis años». Sí, me reí muchísimo, ¡qué esperanza me dio! Y ese es precisamente el problema. Nosotros no queríamos adoptar pensando en que algún día iría a quedar embarazada. Toda esta locura me parecía que el mensaje real era: «Ya verás, tú haces un acto bondadoso hacia un niño y, luego, te recompensarán con el verdadero regalo que esperas». Por esta razón me disgustaba mucho cuando escuchaba esos comentarios.

Además, la realidad es que las estadísticas nos muestran que solo un diez por ciento de las mujeres quedan embarazadas después que adopta. La cosa es que, cuando sucede, se convierte en grandes y buenas noticias, pero nadie cuenta la historia del noventa por ciento.

La otra realidad y, mi advertencia, es que decidir adoptar con la esperanza de que este acto te haga el milagro de quedar embarazada, no es una razón válida para adoptar un hijo.

La infertilidad

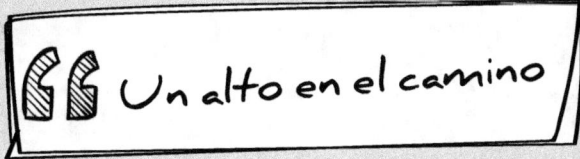

En el transcurso de la travesía por el valle oscuro de la infertilidad, Dios nos mostró una senda desconocida para muchos, pero que da honra a su nombre. Se trata de una senda que nosotros nunca habíamos considerado. Aun así, en esta etapa de nuestra vida mientras decidíamos adoptar, comenzamos a entender que donde hay dolor Él nos trae su fuerza. Donde hay carencias, Él trae su provisión. Y en todas las cosas, empezamos a darnos cuenta de que en realidad dependemos de Él para todo y que en Él tenemos todo lo que necesitamos. Hoy sé que Él provee en el lugar de nuestra carencia y en su provisión vemos su grandeza.

Es evidente que la adopción es un regalo dado por Dios a nosotros y que todos los buenos regalos proceden de Él:

> Todo lo que es bueno y perfecto desciende a nosotros de parte de Dios nuestro Padre.
>
> Santiago 1:17

Así que en este momento de nuestro viaje estamos muy emocionados. Él ha escogido el camino de la adopción para nosotros. Él nos guía por el buen camino y ahora entendemos que Él escogió el sendero de la adopción para nosotros.

2
La decisión de adoptar

Mis primeros pasos en la senda de la adopción

En el capítulo anterior... te describí cómo enfrentamos al reto de la infertilidad. En resumen, después de diez años de casada y de vivir un proceso médico de casi cuatro años, se concretó que nada funcionaba. Me sometí entonces a una cantidad de tratamientos que al final me dejaron agotada, ya que estos afectan el cuerpo, las hormonas y hasta la relación de pareja. Entonces le pusimos todo en las manos al Señor y seguimos adelante con nuestras vidas.

Recuerdo el día que le entregué al Señor mi dolor. Fui al baño y me senté a hablar con Él en la tina vacía:

Señor, tú lo sabes todo. Sabes que yo creo que si quisieras sanarme, me sanarías y no lo has hecho. Todo esto me hace pensar que no quieres hacerlo. Señor, dudo de tu amor, pero sé que eres un Dios bueno y que aunque dude, sé que no es la verdad. Sé que me amas, pero es difícil poder verlo a través de este dolor. Por eso te entrego hoy este dolor y esta duda para que tú me ayudes a aclarar mi mente.

Con estas palabras, lo dejé todo en las manos de Dios y decidí creer que Él tenía razones para no darnos hijos. En ese entonces considerábamos que trabajar en el ministerio de matrimonios que nos había entregado requería viajar mucho y que tal vez Él, en su infinita sabiduría, había escogido este camino de estar casados sin hijos para nosotros, así como la soltería para Pablo le ayudó a dedicarse de lleno a su tarea de apóstol.

Pasado un tiempo, recibimos de repente la llamada telefónica de un primo para contarnos, de sopetón, que después de tener dos hijas, pensaba ahora adoptar un niño varón. Cuando escuché esa conversación, me sorprendí. Entonces, una vez que colgó el teléfono, le conté que yo también había pensado lo mismo, pero que todavía no me atrevía a contarle una conversación inconclusa que tuve con Dios unos cinco años atrás. Entendí que el Señor era el que nos había puesto ese deseo en el corazón.

Una conversación inconclusa

Años atrás decidimos abandonar Minnesota, pues yo no soportaba el frío del lugar. Al mudarnos, dejamos una hermosa casa de dos años de construida y llegamos a

La decisión de adoptar

Miami para vivir en el apartamento de mis padres. La casa quedó desocupada por seis meses y la alquilamos por un año. Por fin, dos años más tarde, logramos venderla y de esa manera pudimos buscar una casa para vivir en Miami.

La decisión de la casa fue un poco difícil. Ya habíamos colocado dinero en una hermosa casa, cuando los precios eran lo bastante cómodos en Miami. Sin embargo, el día que vi por primera vez la casa que al final terminamos comprando, recordé la visión que Dios me había dado de cómo se vería la casa por fuera. Cuando vi mi casa por primera vez, mi corazón saltó de emoción. Al entrar, no podía creerlo. Esta casa tenía una biblioteca a la entrada donde mi piano y mis libros podían tener su residencia de honor. Además, tenía un cuarto y un baño en el piso de abajo donde mi madre podía quedarse cuando lo quisiera.

La casa era toda hermosa y con un precio bastante cómodo. Viniendo de Minnesota, sabía que esta casa estaba muy económica y que en Minnesota costaría por lo menos el doble. Así que Dios proveyó todos los recursos para la compra. Esta casa tenía la gran peculiaridad de poseer seis dormitorios y unos trescientos setenta metros cuadrados de vivienda y nosotros no teníamos hijos y ni siquiera una mascota.

Nosotros no pensábamos en tener hijos. Nunca habíamos tratado de tenerlos y nunca habíamos tratado de no tenerlos. En realidad, estábamos enfrascados en nuestro trabajo y en nuestros problemas, y no queríamos más preocupaciones. A pesar de eso, no podía olvidar la conversación inconclusa que un día tuve con Dios.

Recuerdo que un día me encontraba ocupada en la cocina de mi nueva casa cuando sentí que Dios me dijo: «¿Te puedo confiar a mis hijos?». Esas palabras me dejaron paralizada. No quería mirar hacia atrás porque pensé: «Dios está aquí, y si me volteo, voy a ver su rostro y ahora no sé lo que le voy a contestar. No puedo decirle a Dios que no en su cara». Así que decidí no hablar con Él de eso, y a nadie le comenté lo sucedido...

Cuando pienso en esto, a mi mente viene la vida del profeta Jonás. El libro que lleva su nombre comienza diciendo: «El SEÑOR le dio el siguiente mensaje a Jonás, hijo de Amitai: "Levántate y ve a la gran ciudad de Nínive. Pronuncia mi juicio contra ella, porque he visto qué perversa es su gente"» (vv. 1-2). De inmediato, en el versículo 3, encontramos:

> Entonces Jonás se levantó y se fue en dirección contraria para huir del SEÑOR. Descendió al puerto de Jope donde encontró un barco que partía para Tarsis. Compró un boleto, subió a bordo y se embarcó rumbo a Tarsis con la esperanza de escapar del Señor.

El Plan A de Dios para Jonás era Nínive, pero el profeta decidió irse a Tarsis. Tomar el camino hacia Tarsis parece que le era fácil a Jonás. La nave lo estaba esperando y, sin dudarlo, se subió a bordo para ir exactamente al lugar opuesto de la voluntad de Dios. ¡Hasta pagó su pasaje para irse lejos y escapar del Señor!

Sin duda, mi viaje a los médicos y los tratamientos que pagué fueron mi embarcación a Tarsis. Luego, el tiempo en el vientre del gran pez fueron esos meses de frustración y dolor pidiéndole a Dios que me librara de esa experiencia. La verdad era que yo no tenía la gracia de parte de Dios para pasar por los dolores de los tratamientos. Es más, para mí fueron días dentro del vientre de ese gran pez. Al final, Dios le permitió a mi pez que me vomitara en el camino a la adopción: El Plan A de Dios para mí.

El comienzo del proceso

Esa mañana especial en que decidimos adoptar yo me sentia como si fuera Navidad... Estaba muy emocionada de que Dios hubiera escogido este camino para nosotros. Para mí la adopción no es el último recurso para conseguir tener nuestros hijos. En realidad, yo creo que la adopción está en el centro del corazón de Dios. Así que a medida que tú viajes conmigo en este camino a través de la lectura de este libro, vas a ver que la adopción es tanto un milagro como lo es llegar a quedar embarazada. Lo triste es que mucha gente que nunca ha tenido problemas para quedar embarazada, no entiende que el embarazo es un milagro en realidad. Nadie puede embarazarse por su cuenta por escogerlo... es un regalo.

El milagro de la adopción

En medio de estas circunstancias he aprendido a ser más compasiva y pienso que las personas que no han experimentado con pensamientos de adopción, ni soñado con ser padres adoptivos, no pueden entenderlo todo en realidad. Incluso nosotros, a medida que transitábamos por este proceso, íbamos entendiendo cada vez más el milagro de la adopción. En ese entonces no sabíamos todas las tareas que nos esperaban, pero al final nos dimos cuenta que valdría la pena.

Lo primero que hicimos al comenzar el proceso fue escoger el país. No es nada fácil sentarse y decidir dónde adoptarás. Después de todo, ¿quién te puede dar las reglas de cómo se escoge un país para la adopción de tu hijo? Creo que nadie, pero lo que sí quiero decirte es la manera en que se fueron desarrollando los pensamientos en nuestras mentes y las opciones que consideramos.

Al principio, tuvimos la idea de que quizá fuera bueno adoptar en Colombia porque ese es mi país de origen, o que tal vez fuera Brasil, pues allí nació el que en aquel momento fuese mi esposo. Luego, pensamos en China, donde como resultado directo de la política de «un solo hijo» el número de niñas abandonadas en las calles, abortadas o abandonadas en orfanatos son inimaginables. Más tarde buscamos también en Ucrania, pero los procesos los habían cerrado.

La decisión de adoptar

Rebeca

A Colombia la tuvimos que descartar, pues debido a mi edad avanzada y mi estado de ciudadana de Estados Unidos, me explicaron que me tratarían como a una estadounidense de pasada edad y no como colombiana. La recomendación de mi prima, que trabajaba en el Departamento de Bienestar Familiar, fue que no hiciera el proceso por Colombia. Nosotros lo tomamos como una señal de Dios.

La siguiente opción que tenía sentido fue realizar los trámites para adoptar en Brasil y así lo hicimos. Así que llenamos todos los requerimientos para poder comenzar el proceso de adopción en el Brasil. Debido a que mi esposo tenía la nacionalidad brasileña, el costo de la adopción sería mínimo.

> Al final, los papeles se enviaron a Brasil a fin de encontrar a nuestros hijos.

Las cuestiones legales

Si nunca has pensado en adoptar, te preguntarás: «¿De qué papeles me hablas?». Y esa es una buena pregunta. Para adoptar en cualquier país, vas a requerir de una infinidad de documentos legales en regla y de estudios especializados de tu casa y tu persona para confirmar tus posibilidades económicas, así como de tu salud mental, e investigar tus verdaderas razones e intenciones al adoptar. Cada país tiene sus propias normas legales y hay que investigar bien los requerimientos de edad y papeles del país donde vivimos y del país de donde deseamos adoptar.

Lo más importante es hacer todo el papeleo de la manera que la justicia lo requiere, aunque nos parezca demasiado trabajo. Si vives en los Estados Unidos, debes ir a la página de Internet de inmigración y bajar la hoja informativa de requisitos que el país exige para dejar entrar a un niño adoptado a los Estados Unidos de acuerdo con el país de origen. (Por ejemplo, si eres ciudadano estadounidense y quieres conocer páginas

La decisión de adoptar

Web relacionadas con la adopción, lee el Apéndice B-1, donde encontrarás la información).

Escoger el país de donde vamos a adoptar demanda mucha oración y para mí significó aprender a hablar con Dios no solo de la información, sino también de expresarle mis más íntimos sentimientos.

El axioma del amor

Todos los padres adoptivos tienen razones por las que decidieron adoptar, pero es bueno aclarar que existen motivos equivocados que llevan a malas consecuencias. Hemos escuchado historias de personas que no procuran adoptar un hijo, sino un hermanito para su hijo biológico. Esta no es la razón para decidir adoptar. Las estadísticas nos muestran que diez por ciento de todas las adopciones terminan rotas, y muchas de estas rupturas se dan debido a que las intenciones al adoptar no eran claras, sino oscuras. Así que este es el momento para que te hagas un examen personal de cuáles son las verdaderas razones por las que estás considerando la adopción.

Quisiera contarte una historia que te muestra un extremo de esta equivocación común. En una oportunidad recibimos el correo electrónico de una mujer que estaba desesperada y lista para adoptar. Al no recibir nuestra respuesta inmediata, se puso un poco agresiva y nos tildó de incompasivos al no pensar en el niño o la niña que la esperaba como madre. Sentí la presión, pero también sentí de parte de Dios que indagara un poco más sus razones del porqué quería adoptar. Así que le pedí que escribiera una carta en la que me explicara su situación.

En su carta, se hizo evidente el hecho de que quería tener otro hijo para poder mantener a su marido en la relación, y como no podía quedar embarazada, quería adoptar porque pensaba que sería más fácil y rápido que el embarazo. Fue tan obvio que decidí conversar con ella. Al entrar en conversación, me di cuenta que no era casada, sino que hacía muchos años que vivía en unión libre con un hombre. Cuando le propuse que se casara, me dijo que era complicado porque su compañero era casado con otra mujer. No hay que ser un experto psicólogo para saber que ninguna de las variables en la ecuación que esta mujer utilizó para llegar a la conclusión de adoptar había tenido en cuenta el axioma del amor. La base de toda adopción es el amor. Si comienzas con otra base y llegas a la decisión de adoptar, tu decisión es indebida y vas a sufrir y hacer llorar a muchos a causa de tu equivocación.

Otra variable en la decisión de adoptar es el costo que esto le implica a la familia. En la tabla que aparece en el Apéndice B-2, te muestro una tabla con un ejemplo de la variedad de los costos de la adopción.

«La adopción es el plan B para las parejas que no pueden tener hijos biológicos, lo cual sería el plan A».

Dios no tiene plan B. Él nos da muchas oportunidades, pero un solo plan. No deseo comenzar una discusión teológica aquí, pero quiero decirte que lo sé, pues en mi vida la adopción no fue el plan B en aquella cocina. Dios me estaba mostrando su plan y yo solo huí de él por un tiempo.

Con el paso de los años he aprendido que Dios no tiene plan B, solo si la B es para simbolizar la letra «B» de Bueno, sino más bien tiene el plan R: ¡El plan de redención! Romanos 3:23 nos dice que «todos hemos pecado; nadie puede alcanzar la meta gloriosa establecida por Dios». En realidad, el pecado nos ha privado del plan original de Dios. Además, no hay nada como recordar que todos moriremos algún día para probar el punto de que ninguno de nosotros vive en el plan «A» de Dios, pues todos hemos pecado.

En esta tierra, después de la caída del hombre, Dios nos muestra un solo tipo de plan: El plan «R», de redención, de restauración. Por cada situación que vivimos en la que es obvia el precio que pagamos por vivir en un mundo caído y el pecado, Dios quiere mostrarnos su Plan de redención.

La vida cristiana es una vida de intercambio donde yo le entrego mi infertilidad y Él se idea la manera de traernos de regreso a la dulce verdad de que nos ama y que su plan redentor tiene como objetivo decirte que su plan «A» no ha cambiado. Dios aún quiere relacionarse con nosotros, pues no nos quiere separados de Él. Por eso es que se idea la manera de traernos de regreso cuando hemos estado separados de Él.

Hoy existen circunstancias en nuestra vida que nos hacen sentir el peso del pecado, nos hacen sentir necesitados y pobres, pero esa es la actitud menos peligrosa en la vida de un cristiano: Aceptar nuestra necesidad de Dios en todo y siempre.

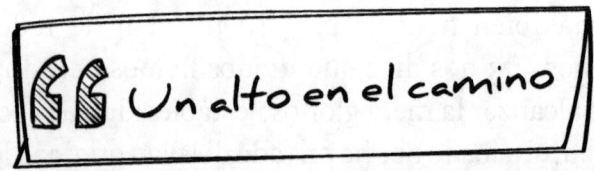

Un alto en el camino

Por último, quiero que sepas que nunca me imaginé que en medio de mi gran dolor experimentaría la mayor felicidad. Cuando todas las puertas se me cerraban delante de mi cara, mientras permanecía paralizada por el hecho de no tener ningún control en esto, es mucho más fácil notar la única puerta que todavía permanecía abierta. Se trata de la misma puerta que nunca pensaste que tomarías.

La decisión de adoptar

El mayor dolor lo experimenté en el desierto que me trajo la infertilidad. El mayor gozo vino a través del camino a la adopción de mis hijos. La infertilidad me machucaba los dedos con dolor al cerrar la puerta a mi futuro esperado, pero de alguna manera abrió mis ojos para poder ver el camino que nunca había considerado. En el camino de la adopción se abrieron muchas puertas a un nuevo mundo: El mundo del huérfano.

3

Mi entrada al mundo del huérfano

Mis descubrimientos en el valle oscuro del huérfano

En los tiempos que luchaba con la infertilidad, un pastor nos dijo que si una persona nunca ha podido engendrar un hijo, jamás podrá entender a Dios porque Él es, más que otra cosa, un Padre. No quiero juzgar sus intenciones, pero recuerdo que en ese momento experimenté una sensación de carencia, de insuficiencia. De alguna manera me sentí inferior, pues me convencieron sus palabras erradas.

Hoy en día, entiendo el amor de Dios como Padre debido a que Él es nuestro Padre a través de la adopción. Aun más allá de todo esto, Dios me ha enseñado que Él nunca nos deja sin un testigo de su amor. He aprendido que hasta un huérfano, si logra entender la verdad que nos enseñan las Escrituras de que Dios es el Padre de aquel que no tiene padre, logrará asirse a esto como nunca podré hacerlo yo. Eso se debe a que tiene una necesidad que nunca he experimentado. Por lo tanto, Dios envía una provisión de su amor de una manera diferente a aquel huérfano que decide refugiarse en Él.

Conozco personalmente dos huérfanos que lograron refugiarse en Dios que se llama a sí mismo «Padre de los huérfanos». Estas dos personas tienen un entendimiento de la provisión de Dios que me cuesta trabajo entender. Esas dos personas son mi madre y mi suegro.

Cuando tomamos el camino de la adopción, comencé a entender la fe de mi madre en Dios, su Padre, y la manera en que siempre esperó de Él tan diferente a la mía y a la que a mí me ha llevado tanto tiempo aprender. Por último, he aprendido que no hay una persona que tenga el conocimiento completo de quién es Dios, pero podemos conocerlo de forma colectiva en todas sus facetas. Por eso, Dios aparece en las Sagradas Escrituras con tantos nombres. Las personas le daban sus nombres a Dios de acuerdo a la manera en que se les revelaba. Y hoy no es diferente: Él es Dios, mi Padre; Él es Dios el Padre que nos adopta; Él es el Padre del huérfano. Y en todas estas facetas, nosotros podemos tener un anticipo de su grandeza. Cada una de estas cosas se hicieron evidentes a mis ojos el día que visité un orfanato por primera vez.

Nuestra experiencia en Brasil

En Brasil tuvimos una experiencia muy dolorosa porque después de habernos referido a un niño de ocho años, y después de haber pasado gran tiempo a su lado, en el momento de hacer los papeles para la adopción el juez nos lo denegó diciendo que el niño no tenía papeles. Devolverlo fue muy duro y doloroso, pero aprendimos que Dios es el Padre del huérfano y que los hijos que vas a adoptar los escoge Dios y no tú. En ese momento yo mantenía un boletín electrónico en Internet llamado: «¿Dónde en el mundo están mis hijos?». Todavía hoy lo conservo y sirve como canal de comunicación con mucha gente que está pasando, ha pasado o piensa pasar por la misma experiencia de la adopción. (Puedes visitarlo en www.ElMilagrodelaAdopcion.com).

Sin embargo, esta experiencia dolorosa en Brasil me trajo muchos regalos, enriqueció mi vida, me hizo crecer, progresé en gran medida de manera espiritual y, sobre todo, comenzó a mostrarme el corazón de Dios hacia el huérfano, el mundo y hacia mí, su amada hija adoptiva. Como toda experiencia que nos hace crecer, no fue sin dolor porque requirió de sometimiento total a Dios y estar dispuesta a hacer lo que no quería por amor a Él, a un niño huérfano y a mi familia. Creo que tenía que pasar este examen final, antes de que Dios me permitiera promocionarme al siguiente nivel en la Escuela del Amor.

El milagro de la adopción

Esta fue la carta que le hice a mis familiares y amigos cuando comenzamos el recorrido a la adopción en Brasil, la cual no se pudo dar al final. En esos tres meses, vivimos nuevas circunstancias y nos enfrentamos a problemas, dificultades y responsabilidades inesperadas. Necesité el poder del Espíritu Santo para poder discernir el camino y aprendí a esperar en fe, porque la fe se desarrolla en las pruebas cuando es imprescindible que creamos en que Dios existe y le creamos cuando dice que nos ama. Así me sentí al entrar al mundo del huérfano, sin saber que entraba al desierto.

Rebeca

Hola, amigos:

Conocimos a «B» esta mañana. Es un niño súper lindo de siete años y en dos días cumplirá ocho. La primera cosa que mi esposo y «B» hicieron después de presentarse, fue irse a jugar fútbol con los mejores amigos de «B»: Iván y Felipe.

«B» no sabe que estamos aquí para adoptarlo. Somos la tía y el tío que vinieron al orfanato para conocer a todos los niños. Sobre todo, a este niño que cumple años en dos días.

Mi entrada al mundo del huérfano

«¿Ustedes saben quiénes están aquí?», preguntó Marta desde adentro, mientras nosotros esperábamos detrás de la cerca del orfanato.

«B» fue el primero en decir: «¡Es mi tío!».

Se nos permitió conocer a los veinticuatro niños, y mientras mi esposo y «B» jugaban fútbol, el resto de los niños se me acercó para saludarme. En especial, dos niñas: Jazmín y Beatriz, así como un niño pequeñito llamado Gabriel. Ellos se aferraron a mí, incluso a mi corazón.

Me senté en una banca, y los tres se sentaron a mi lado. Gabriel, de dos años, se sentó en mis piernas. Beatriz, de seis años, y Jazmín, de siete, se sentaron a ambos lados de mí. Beatriz y Gabriel son hermanos y tienen dos hermanas más en el orfanato. Sin embargo, no pude identificar quiénes eran.

Jazmín es la hermana de Iván, el mejor amigo de «B». Además, tiene una hermana mayor, de doce años de edad, que está también en el orfanato.

¿Se los tengo que decir o ya se lo imaginan? Sí, me los quería llevar a mi casa a todos.

Al final, llegó el momento de irnos e hicimos planes. Mi esposo le pidió a «B» que escogiera dos o tres amigos para irnos al parque mañana temprano y, luego, el miércoles, el día de su cumpleaños, les haremos una fiesta con pizza para ellos. Todo esto es muy emocionante. Estoy muy agradecida por el día de hoy. ¡Es un día que nunca olvidaré!

Gracias por sus oraciones.

Los recuerdos de nuestros sobrinos brasileños

Mientras nos preparábamos para adoptar a «B», investigamos acerca de los niños de su edad. Por ejemplo, descubrimos que los niños de seis, siete y ocho años edifican sus vidas de acuerdo con las etapas importantes de desarrollo que vivieron en sus primeros seis años. Tal parece que comienzan a sentar cabeza y empiezan a crecer y aprender a un paso menos acelerado. En el caso de «B», sus primeros seis años fueron difíciles e inestables.

A los niños en edad escolar les interesan más las actividades reales, no como las fantasías que viven los niños pequeños. Por ejemplo, les gusta tomar fotografías de verdad. Sin embargo, «B» todavía prefería vivir en el mundo de su propia imaginación o, por lo menos, esa era la manera en que lo veíamos después de escuchar sus historias. Aun las historias reales de «B» eran extremadamente diferentes a las que habíamos escuchado antes.

También me encantó saber que los niños de seis y siete años necesitan personas adultas que los cuiden, a fin de hablar y jugar con ellos. Estos años pueden ser emocionantes para los niños y sus padres. Es en este momento que los podemos ayudar a prepararse para una adolescencia y adultez saludables.

Mi entrada al mundo del huérfano

Mientras estábamos en el proceso de la adopción de «B», hacíamos las cosas normales que hace una familia con su hijo de ocho años. Nos divertíamos juntos como familia, jugábamos, leíamos, asistíamos a actividades de la comunidad. «B» le ponía mucha atención a las amistades, al trabajo y a los deportes en equipo. Jugar al fútbol era la mejor cosa que podía hacer a cualquier hora del día. Su mejor amigo, Iván, veía a «B» como un líder. Una vez que lo tuvimos en casa por los primeros diez días, nunca lo escuché decir cosas como estas: «Estoy aburrido» o «No quiero hacer esto». Aun cuando las cosas empezaron a dificultarse en la adopción, nunca le escuché decir: «¡Esto no es justo!», pues no le resultaba fácil hablar de sus sentimientos.

El día que fuimos a comprarle juguetes a una tienda y vimos uno que tenía su ex hermano de adopción que no le permitía tocar, nos dimos cuenta que ese hermano lo humilló y lo obligó a jugar como limosnero en «su castillo». Después de eso, la familia adoptiva de «B» lo llevó de regreso al orfanato, pues su hermano y su padre adoptivos no lo aceptaban, despreciándolo en su lugar. Su madre adoptiva, con dolor en el corazón, lo devolvió al sistema judicial diciendo: «Esta es la verdad. Es difícil para mí hacer esto, pero a él le va a ir mucho mejor en el orfanato que en mi casa».

Un domingo, cuando llevamos a «B» a la iglesia, el pastor invitado predicó sobre Isaías 53 y de cómo Jesús

El milagro de la adopción

conoce nuestro dolor. La verdad es que no estábamos poniendo mucha atención hasta el momento en que dice: «Yo conozco acerca del dolor, porque cuando vivía en el orfanato, la gente me decía que era muy feo y por eso nadie me adoptaría». El orador captó toda nuestra atención y continuó diciendo: «Nunca me adoptaron».

Sin embargo, años más tarde, tuvo un encuentro con Dios donde escuchó decirle a su corazón lo siguiente: «¿Recuerdas cuando te sentabas a mirar para la calle a fin de esperar a que un hombre viniera y te dijera: "Yo soy tu padre, vine a recogerte, quiero hacerte mi hijo"? Cuando hacías esto, mirabas hacia el lugar equivocado, pues yo siempre estaba sentado al lado tuyo. Yo soy el Padre del huérfano».

Ese día entendí lo que significa que Dios es el Padre de los huérfanos. El asunto es que siempre pensaba que Dios decía esto de una manera poética, que solo era un estilo verbal figurado y no algo literal. Hoy entiendo lo que hace que llore el corazón de Dios, porque Él me ha asegurado que tiene el control, que es el Padre del huérfano y que le puede dar la gracia para vivir sin un padre terrenal.

«B» reaccionó a la historia del pastor y, por fin, reveló sus emociones y admitió: «Yo tuve un padre y él me abandonó a mí y a mi madre». Esta fue la primera vez que «B» pensó en el abandono de su padre, pues lo único que era obvio en su vida era el abandono de su madre. Sin embargo, ¿dónde estaba su padre?

Mi entrada al mundo del huérfano

El asunto es que «B» nació de una madre soltera. Con el tiempo, encontró un novio que no quería asumir la responsabilidad de tener un hijo. En ese momento, «B» se convirtió en un obstáculo para la felicidad de su madre. Así que decidió abandonarlo al sistema judicial y lo dejó en un orfanato del gobierno. Esta es la principal razón por la que llegan los niños a un orfanato: ¡Literalmente los abandonan! Las historias son muy diferentes, pero todas tienen la raíz común del abandono.

Nosotros, en nuestra casa, le mostrábamos nuestro afecto a «B» con abrazos y besos. Además, le dimos un oso bien grande para que durmiera con él. Pusimos reglas claras y las imponíamos. Por ejemplo, el tiempo que podía ver televisión y la hora a la que debía irse a la cama. Fuimos muy claros en qué comportamientos eran aceptables y cuáles no eran aceptables. Jugábamos y orábamos juntos, y salíamos a comer.

A pesar de amar muchísimo a «B» y tenerle un cariño especial, nunca me sentí su madre. Sin embargo, mi esposo, quería ser su padre. Yo tuve que arrodillarme y entregarle mis sentimientos a Dios y allí, de rodillas, me sometí a lo que creía que sería una vida difícil: ser la madre de un niño sin sentirme su madre. Estaba segura que tendría la ayuda de Dios y que algún día me levantaría y lo miraría en la cama y lo vería con ojos de madre. Mi corazón tenía esperanza y eso era suficiente para mí.

El milagro de la adopción

Todavía recuerdo el arco iris que apareció cuando «B» dejó el orfanato para irse con nosotros. La frase que utilizó Ortiz, el esposo de la directora del orfanato, fue: «Si le tienes miedo a las abejas, no mereces comer de su miel». ¡Yo le tengo miedo a las abejas y me encanta la miel! En mi caso, prefería comerme la miel sin tener que pensar en las abejas. No obstante, hoy las abejas son un símbolo muy personal debido a que he encontrado que tengo algo en común con ellas: Las abejas no se diseñaron para volar, pero vuelan. Yo batallé con la infertilidad y a mi corazón le costaba trabajo pensar en la maternidad. A pesar de eso, hoy soy una madre.

Un día, la oficina del gobierno nos llamó para informarnos que no podíamos adoptar a «B», al menos por el momento. Nos dijeron que debido a que yo no era una ciudadana brasileña, no iba a ser posible la adopción. Después que le probamos que ya el gobierno brasileño me había autorizado para adoptar en Brasil y no pudieron encontrar otra excusa, nos dijeron la verdad: «Cometimos un error en el proceso de la adopción». «B» no era adoptable porque su segunda madre abandonó el país y nunca firmó los papeles a fin de concederles los derechos al gobierno.

Muchas personas cometieron errores en este caso, pero todos los dedos apuntaban hacia mí. Me trataban como que era la menos merecedora de respeto en este mundo. El mensaje era claro: «¿Quién te crees que eres? Tú no tienes derecho en este país». A fin de cuentas, si estoy en

Mi entrada al mundo del huérfano

un orfanato buscando un hijo, soy menos merecedora y hasta con menos valor delante de la sociedad que estos a los que vine a adoptar. Si a ellos los abandonaron por completo y los consideran la escoria de la sociedad, yo soy un poquito menos que eso.

Todo esto hacía que me preguntara lo siguiente: ¿Cuántos estamos dispuestos a entregarle a Dios nuestras derrotas, nuestras vidas quebrantadas? Si Dios no me sana, ¿qué reputación está en juego, la mía o la de Él?

Hoy esta historia hacía que meditara en la vida de Moisés, el tartamudo, aquel que le dijo a Dios:

> —Oh Señor, no tengo facilidad de palabra; nunca la tuve, ni siquiera ahora que tú me has hablado. Se me traba la lengua y se me enredan las palabras [...] ¡Te lo ruego, Señor! Envía a cualquier otro.
>
> **Éxodo 4:10, 13**

Después de un intercambio de palabras con Dios, Él le regaló a Aarón, pero no lo sanó. Es como si Dios le hubiera dicho: «Quiero que lo hagas así con tu debilidad. Cuando tu mayor derrota es evidente ante todos, tu insuficiencia mostrará mi gran poder».

Continuando con la historia, recuerdo que solo la psicóloga de aquel lugar vino a mi rescate. Enseguida notó que yo era una víctima de abuso. Me hizo preguntas y me permitió explicarle mis sentimientos y el proceso de mis pensamientos. A este punto, yo ya había entendido que «B» no llegó a nuestras vidas para que se convirtiera en nuestro hijo, pero sí era para formar parte de una etapa de nuestra vida. Así que le expliqué a la audiencia, incluyendo a la psicóloga, que «B» no era adoptable y que, por lo tanto, no queríamos continuar un proceso sin pasos delineados. «De igual manera», les expliqué, «a mí no me gustaría continuar amores con un hombre que me acabe de confesar que es casado y que no hay proceso de divorcio ni pasos razonables para pedir un divorcio. De acuerdo con mis valores, solo me casaría con un hombre soltero y nunca sería novia de un hombre casado». La psicóloga contestó: «No puedo creer que puedas estar tan lúcida en medio de una circunstancia tan difícil».

Dios me dio sabiduría para tomar una decisión. Nunca le entregué por completo mi corazón a «B» y él jamás me dio por completo su corazón a mí como madre. Sin embargo, nos amamos de manera profunda el uno al otro y lloré sinceramente, pues tuve que verlo sufrir por tercera vez. Por eso, se lo entregué a Dios. No pude ser su madre, pero con nosotros como testigos, Dios llegó a ser su Padre, y esto no es poético, sino buena prosa: ¡Es la verdad! Dios llegó a ser su Padre por medio de Jesucristo.

Le dije que fue mi culpa, por no ser ciudadana brasileña. Después de todo, esta fue la razón que el gobierno nos dio cuando comenzó esa terrible reunión con ellos. No podía soportar pensar que él se fuera a culpar por esta ruptura.

Al final, entendí que él no era nuestro hijo y, lo que es más importante, aprendimos juntos que su Padre, en realidad, es Dios.

En el mundo de los huérfanos mayores

Esta fue la carta que le hice a mis familiares y amigos en febrero 2006 cuando la adopción de «B» no se pudo dar. Te la quiero mostrar a fin de que no solo entiendas la tristeza que ya expresé en este capítulo, sino el nivel de sometimiento a Dios que adquirí en una situación en la que Él me humilló, me probó y me demostró que podía obedecerle cualquiera que fueran las circunstancias. Así me sentí al atravesar mi desierto y no saber si este era o no el final de mi recorrido.

El milagro de la adopción

Rebeca

Querida familia y amigos:

Como muchos de ustedes saben, estábamos en el proceso de adoptar un niño de ocho años en Brasil y, al final, no resultó. Sus papeles no estaban listos, y después de diez días en nuestra casa, el gobierno nos pidió que lo devolviéramos. Tuvimos grandes experiencias en este orfanato tan especial en enero y parte del mes de febrero. Disfrutamos este tiempo visitando a los niños y a la directora.

Celebramos juntos tres cumpleaños.

En el orfanato había un total de veinticuatro niños. Este orfanato se caracteriza por tener niños con necesidades especiales, en el que hay varios grupos de hermanitos. ¡Amo ese lugar! Me enamoré de los niños con tanta rapidez que me quería llevar al menos diez niños para mi casa. En realidad, no encontré ninguna razón para no hacerlo, excepto que casi ninguno está disponible para la adopción debido a que, por una u otra razón, sus padres no han cedido el derecho.

Esta es la triste historia de la mayoría de los orfanatos. Los niños crecen allí, mientras esperan que sus padres renuncien a sus derechos o que el gobierno termine de hacer el papeleo en su lugar.

Mi entrada al mundo del huérfano

Me encantaba cargar a esos niños y jugar con ellos. En una ocasión, una de las trabajadoras sociales me dijo: «Lo triste es ver cuánta necesidad tienen estos niños por la atención, el amor y el cuidado de una madre». Esto me hizo pensar que ellos tenían una carencia, pero me di cuenta que también la tenía yo. Estaba hambrienta por el amor de un niño al cual llamarle «hijo» o «hija».

En Brasil, me convertí en tía Rebeca por siempre para Jazmín, Beatriz, Gabriel... En realidad, lograron atraparme. Jazmín es la hermana de Iván, de nueve años, y de Althea, de trece años. Nunca olvidaré a mis amigos brasileños. Espero ansiosa nuestro futuro viaje misionero a Brasil para volverlos a ver. Ya estamos recogiendo donaciones para nuestro próximo viaje. Compramos algunos artículos escolares y también unas mantas. Los padres de mi esposo saldrán en catorce días y es probable que los enviemos con ellos.

Siempre hay «uno» en especial que te conmueve y sabes que lo que estás haciendo lo haces como para el Señor mismo y en ese momento te conmueves y quieres hacerlo de nuevo. Uno quisiera saber lo que le sucede a ese pequeño, pero sé que si Dios me envió a ese lugar, es porque Él estuvo allí. Entonces, cuando Dios llega, Él se queda si lo invitamos a quedarse. Yo no quiero ser la que limite su amor. Quiero hacer más porque deseo sentir a Dios amando por medio de mí.

El milagro de la adopción

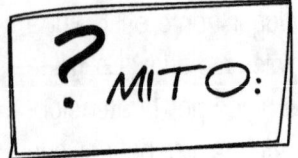 «No es bueno adoptar niños mayores. Mejor es adoptar a un recién nacido que puedas moldear a tu manera».

 Los seres humanos siempre estamos tratando de evitar el dolor, y en la adopción, creemos que nos evitaremos dolores si adoptamos a un bebé que podamos moldear desde pequeñito. Sin embargo, de nuestra experiencia con los niños mayores creo que una de las ventajas en adoptar a niños mayores es que los posibles problemas que podríamos tener en la crianza van a ser evidentes en un niño mayor más que si adoptamos a un recién nacido. Aunque a algunos nos guste evitar el dolor, otras personas prefieren saber con certeza a lo que se enfrentan. En las adopciones en Rusia, vemos a muchos padres que prefieren un niño o niña de edad mayor de tres años, porque así se aseguran que el niño no tenga problemas para caminar, moverse o hablar y pueden ver con mayor claridad su condición emocional.

También para los que temen que su hijo adoptivo los rechace en el futuro, el hecho de que un niño mayor decida adoptarte como padre o madre adoptiva es también mucho más evidente.

Mi entrada al mundo del huérfano

Adoptar un hijo de edad escolar en adelante es adoptar con los ojos abiertos por completo. Sin embargo, nunca debemos castigar ni criticar a los que no adoptarían al niño o niña que yo estoy dispuesto a adoptar o quiero adoptar. La crítica no es parte del axioma del amor en la adopción.

Algunas personas se sienten capaces de ser padres de un bebé recién nacido, otros pueden ser padres de un niño de condiciones especiales de diez años, o como sucedió con «B», quien encontró al fin su verdadera madre adoptiva en los brazos de su psicóloga en el orfanato.

Todos estamos constituidos y creados en formas diferentes, eso es lo que nos permite llamarnos individuos. Así que considero que todos los padres adoptivos deben ser celebrados porque de alguna manera lograron realizar un acto desinteresado y compasivo al darle a otro ser humano lo que de otra manera no tendría en un orfanato ni en un sistema de gobierno de casas sustitutas: un hogar.

El regalo que recibimos los padres adoptivos es doble: Recibimos el regalo de un hijo en nuestro hogar y el regalo de saber que los más bendecidos somos nosotros cuando nos escogieron para tan loable tarea.

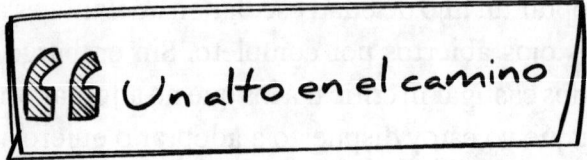

Algunos me preguntan: «¿Por qué no adoptaste en tu país natal, Colombia?». Y creo que aquí es el mejor lugar para darte un poquito de luz acerca de mi trasfondo familiar. Nací en Colombia, pero el ser colombiana no es el único atributo que me define como persona. Dios es el que me define y el que me guía en todas mis decisiones, y así debería ser con todos nosotros que nos llamamos sus hijos. Debemos dejar de hacer lo que tiene sentido y preguntarle a Dios de modo que nos guíe a hacer su voluntad en cada situación. Mi consejo para todos es:

> Confía en el Señor con todo tu corazón, no dependas de tu propio entendimiento. Busca su voluntad en todo lo que hagas, y él te mostrará cuál camino tomar.
>
> **Proverbios 3:5-6**

Después de graduarme de ingeniera, me fui a estudiar teología en Minnesota porque quería ser misionera en Rusia. Eso fue en 1990. Mi primer proyecto en la escuela fue la impresión de un millón de Biblias que enviamos a Rusia. Esa historia es larga y hermosa y me gusta contarla porque nunca llegamos a ser misioneros en Europa del

Mi entrada al mundo del huérfano

este ni en Rusia, pero el millón de Biblias sí llegó y, quince años más tarde cuando le pregunté al Señor: «¿Dónde están mis hijos?», Dios me llevó a Rusia para encontrar a nuestros dos hijos allí.

4

¿Dónde están mis hijos en este mundo gigantesco?

Mi decisión por Rusia

Después de aquella experiencia... Tan dolorosa en Brasil, regresé a mi casa y a mi trabajo con la moral por el suelo. Mi jefa me dijo: «Toma un tiempo para ti». Sé que parece un poco egoísta, pero no es así, solo es saludable.

En realidad, cuando regresé del Brasil, tenía muchos sentimientos que me podían llevar a la depresión. Debido a que trabajaba como contratista en el campo de la tecnología, una vez que regresé de mi semana libre, pedí trabajar un día a la semana desde la casa y no trabajar más los viernes. De esa manera pude dedicarme a las cosas que siempre descuidamos debido al proceso de la adopción. Esto dio buenos resultados, «nadie se murió».

Los proyectos de tecnología funcionaban a la perfección, solo que traía menos dinero a la casa, pero lo primero era la salud. En cuanto a mis pensamientos, también les presté mucha atención. Decidí tomar los que son ciertos de verdad, y establecí un plan para trabajar con ellos. Los que eran solo pensamientos depresivos, pero falsos, decidí desecharlos.

La semana que mi jefa me regaló a fin de que tomara tiempo para mi persona, la utilicé para preguntarle al Señor en mi devocional el porqué de todas las cosas. Al final, le supliqué que me mostrara el camino a seguir. Dios me respondió y me hizo pensar en lo que sentí el día que consideramos adoptar y lo que le pedí. En realidad, sentí que Dios me preguntaba: «¿Qué fue lo primero que pensaste hacer la primera vez que consideraste la adopción?».

Resulta que yo había deseado ir a Rusia a adoptar un niño de dos años porque allá a los varoncitos de esa edad ya nadie los quiere y sabíamos que había un millón cuatrocientos mil niños en espera de adopción. También queríamos adoptar una niña de la China porque teníamos información que a muchas de las niñas en ese país cuando nacen, las botan de alguna manera, ya que existe una ley de solo tener un hijo y, por lo general, los padres quieren tener niños ya que no ven el valor en una niña. Las que tienen suerte y nacen, las llevan a un orfanato y a las otras

¿Dónde están mis hijos en este mundo gigantesco?

las abortan. Es algo social bien delicado lo que sucede allá. Así que me di cuenta que debía dejar de pensar en lo que era fácil y más bien buscar y seguir la voluntad del Señor.

Luego, Dios me pidió que mirara en mi corazón lo que Él había puesto para que lo deseara. Ese deseo necesitaría de fe y de la ayuda de Dios, ya que no era un camino con sendas prefabricadas por otros. El rumbo de esta adopción estaba determinado ahora por la condición de mi corazón. ¿Podría confiar en Dios a lo largo de un camino que nunca antes transité yo, ni ninguno de mis amigos o familiares? ¿Podría mirar hacia delante con los ojos puestos en lo que Dios puso en mi corazón? ¿Cómo sabría dónde encontrar a ese niño y a esa niña?

Esa semana, conocí por casualidad una amiga en la Internet que estaba en el proceso de adopción en Rusia y así me conecté con la agencia de adopciones. Al llamar la muchacha, me dijo que tenía justo un niño de dos años, y que si no me importaba, también tenían una niña asiática. Mi sorpresa fue enorme, me emocioné muchísimo, esto era como una respuesta de Dios a mi petición, sobre todo porque en Rusia lo que te entregan son niños para adoptar y no niñas. La chica entonces me mostró la foto de Julia y después la de David. Fue increíble, porque David nació el mismo día en que murió mi padre. De inmediato, supe en mi corazón que esos dos niños eran los hijos que tanto anhelé. Otra cosa increíble fue haber hecho las dos adopciones al mismo tiempo y esto, según la agencia, es algo que nunca se hace. Así sucedió todo este bello milagro doble.

El día que conocí a Carolina

Recuerdo que estaba en la oficina de mi negocio un día que me sentía muy cansada, frustrada, decepcionada y un poco confusa después de regresar de Brasil con las manos vacías. Era el momento de reconsiderar nuestra decisión de adoptar.

Creo que vi la nota de Carolina en la semana de mi cumpleaños... ¿y sabes qué? Acabo de revisar mis correos electrónicos, y sí, fue un viernes 3 de marzo y mi cumpleaños fue el martes 28 de febrero. Esa semana, estábamos listos para firmar los papeles para adoptar en Hungría y, al parecer, debíamos enviar dinero el próximo lunes. Sin embargo, no me estaba sintiendo cómoda con el asunto, así que también comencé a tomar unas clases llamadas «MAPP», las cuales son necesarias para adoptar un niño cuando uno reside en los Estados Unidos. De ese modo estábamos investigando todas las rutas posibles de la adopción.

En mis momentos con Dios, un día de esa semana en particular, sentí que Él me pedía que volviera atrás, al principio, cuando comenzamos el proceso. Y que no le pidiera lo que yo pensaba que era posible, lógico o fácil, sino más bien que le pidiera lo que en realidad quiso mi corazón la primera vez que pensé en adoptar. Entonces, recordé que quería un niño de dos años de Rusia y, luego, una niña de la China. Ahora entiendo que pedir de esa manera es pedir en fe.

Ese viernes estaba en la Internet debido a que queríamos comenzar ese verano un programa para auspiciar huérfanos que traían de Ucrania por un mes a Miami. Encontré una historia que me interesó muchísimo. Era la historia de Carolina acerca de su proceso de adopción en Rusia. Podía sentir su entusiasmo y era muy contagioso. Así que continué leyendo y encontré la agencia que ella estaba usando en su adopción. Les envié un correo electrónico y la directora, Lorien, la cual es muy eficiente, me contestó de inmediato. ¡Le doy las gracias a mi nueva amiga, Carolina, pues me ayudó de una manera única!

Carolina:

Muchísimas gracias por el comentario tan lindo que me enviaste y también por tu correo electrónico. Son muy significativos para mí. Nunca en un millón de años me hubiera imaginado que dedicarme a contar mi historia en un boletín electrónico pudiera ayudar a alguien. Sin embargo, creo

El milagro de la adopción

firmemente que Dios no nos coloca en ciertas situaciones sin una razón predeterminada.

Nosotros vivimos la misma situación que ustedes. Pensábamos que Dios quería que fuéramos los padres de una niña de siete años de Ucrania. No obstante, ahora entendemos que nosotros no éramos sus padres. Luego, quedamos sin una idea clara en qué parte del mundo estaba nuestro hijo. Me encontraba en el mismo grupo de Yahoo del que tú hablas, cuando alguien mencionó otra comunidad virtual y allí encontré la agencia que estamos usando y a la que te referí.

Dios obra de maneras misteriosas. Estoy muy agradecida de ser parte de tu vida ahora. Además, me siento muy emocionada de poder compartir juntos esta aventura. Por favor, mantenme informada... ¡y que Dios te bendiga!

Carolina

Te presento a Lola, nuestra primera adopción

Al leer esta historia, quizá algunos de ustedes piensen que estoy loca. Es más, si conocen de psicología, le podrían poner nombre a mi locura. Sin embargo, otros tal vez se sientan aliviados al saber que no son los únicos seres extraños en este mundo.

¿Dónde están mis hijos en este mundo gigantesco?

La historia de Lola comienza así: Era diciembre de 2001, el año en que el mundo se puso patas arriba para los que vivimos en Estados Unidos. Para nosotros este fue el año en que Dios nos proveyó nuestra casa. Debíamos mudarnos a finales de diciembre y teníamos la impresión de que esto no iba a ser algo fácil. Sospechábamos que mi esposo podría perder su trabajo después de la Navidad, ya que su compañía le pidió que tomara vacaciones forzadas de fin de año que no le pagaron. Además, los rumores eran que no tendría un trabajo después que regresara.

Sin embargo, era la época navideña y yo estaba comprando regalos en el centro comercial. Entré a una tienda muy popular y me di cuenta que estaban dando un regalo por cada compra que se hiciera. Así que pensé que podría comprar algunas cremas y perfumes para una amiga y el pequeño peluche que te daban podía ser el aguinaldo para un niño. Entré y compré lo suficiente para que me dieran mi regalo gratuito: Un animalito de peluche. Era un perrito, un maltés blanco vestido de invierno que tenía el nombre bordado en una de sus patitas y su nombre era Lola. Este era el único tipo de perro al que no le tenía miedo, ya que por mucho tiempo me habían dado terror los perros. Al instante, este animalito se convirtió de mi propiedad. Fue como el principio de una sanidad.

En esa Navidad, sucedieron muchas cosas que nos hicieron pensar que no íbamos a poder comprar la casa. Esto significaba que íbamos a perder el diez por ciento del

El milagro de la adopción

depósito y que nos quedaríamos sin una casa después de la Navidad. Por lo tanto, decidimos irnos a otros estados del país a fin de mirar casas más económicas. Al final, hablamos con nuestro banco y nos ayudaron para poder mudarnos sin tener que dar más dinero. Sin duda, esta fue una mejor alternativa que mudarnos del lugar.

La Navidad se fue ese año sin muchas actividades de fiesta. Muy pronto llegó marzo donde por fin me encontré en mi nueva casa. Todavía preocupada por la situación financiera, aunque ya mi esposo había conseguido un nuevo trabajo, me encontraba sentada junto a la ventana de mi biblioteca con mi peluche en el regazo. De repente, me pude ver y pensé en lo patética que me veía sentada en mi casa acariciando un animalito de peluche. Entonces fue cuando oré a Dios y le dije: «Yo quiero algo que sea real. Yo quiero una Lola». Así que mi esposo se sumó de inmediato a la aventura.

Nos fuimos a una tienda de mascotas donde encontramos a una pequeña maltesa que era muy dulce y amorosa y le gustaba acurrucarse en mis brazos. Sin embargo, no estábamos seguros, así que nos fuimos para la casa y seguimos nuestra vida normal. Aun así, pensé en esa perrita toda la semana, pero me decía: «Uno no puede comprar el primer perro que uno ve».

Al siguiente fin de semana, nos fuimos a otra tienda de mascotas y conocimos a otros perritos. Ninguno era como la primera. Mi corazón empezó a sentirse terriblemente

¿Dónde están mis hijos en este mundo gigantesco?

mal, así que pensé: «Encontré a mi perrita la semana pasada y no la adopté». Entonces, me preguntaba si todavía estaría allí. Así que corrimos a la tienda que estuvimos la semana anterior y allí estaba nuestra pequeña Lola. Llenamos nuestros papeles de adopción, y mientras el dueño nos daba las instrucciones de cómo cuidar a Lola, le pregunté su fecha de nacimiento: «Nació el 24 de diciembre de 2001», nos contestó el dueño. Dios tenía para mí un perrito de regalo para Navidad y este hombre me lo estuvo cuidando por los primeros tres meses de su vida. Mi corazón estaba agradecido a Dios por tan hermoso regalo.

Hay algo de especial cuando uno le encuentra significado a las fechas asociadas con los capítulos más audaces de nuestra historia. Existe otra fecha que me mostró una señal de Dios cuando estábamos adoptando a nuestros hijos. El día que mi padre murió, a mi hijo, David, lo traía a la vida su madre biológica. Mientras lloraba la muerte de mi padre, el Señor estaba en algún lugar «dando a luz» un bebé para mí.

Dos años más tarde nos encontramos. El único niño ruso sobre el cual puse mis ojos fue el mismo que Dios preparó para que lo adoptáramos como hijo. Estoy convencida de que ningún informe médico, ni distancia, ni temores a lo desconocido me podrían asustar lo suficiente como para dejarlo ir.

Cuando la agencia de Lorien me envió la foto, puse mis ojos en ella y supe que él era mi hijo, un regalo de Dios.

El milagro de la adopción

Igual me sucedió con Julia. Solo me enviaron una foto de una sola niña, y cuando la vi, me di cuenta que deseaba una mamá y yo supe que quería ser su mamá.

Lola estuvo con nosotros por casi cuatro años antes de traer nuestros hijos adoptados a casa. Lola me enseñó que la adopción da resultados, porque mi corazón puede saltar de emoción por una pequeña criatura a la cual no pariste ni cuidaste al nacer. Y se pueden crear lazos que vale la pena perseguir y disfrutar. Lo que hoy sé sobre la adopción, Dios comenzó a enseñármelo en una escala bien pequeña con Lola. Él sabía que necesitaría la ayuda de un animal de peluche para permitirle a mi corazón abrirse y dejar entrar a una perrita de carne y hueso. Sabía que se requeriría, también, la ayuda de una perrita para poder abrir mi corazón a la idea de la adopción. Es por eso que Lola es tan especial para mi corazón.

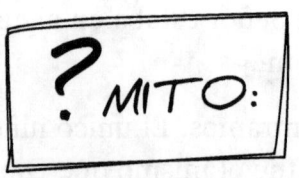 **«¿Podré amar a mis hijos adoptados? ¿Podré amar en realidad a un niño del que no sea su madre biológica?».**

 Cuando pensamos en adoptar, es natural que nos preguntemos: «¿Podré amar a mis

hijos?». Sin embargo, la historia de mi perrita, Lola, está en este capítulo por una razón. Cualquiera que ha amado a una mascota, sabe lo que es amar a un ser que no parió de su vientre o que no está asociado biológicamente con nosotros. De modo que para contestar a la pregunta de si podré amar a mis hijos adoptados, la respuesta es un rotundo no. La realidad es que no vas a poder amar a tus hijos adoptados por tu propia cuenta, sino que vas a necesitar de la fuente del amor.

Espero que entiendas que he usado la hipérbole a fin de poder lograr llegar a mi punto: El amor proviene de Dios. Juan nos dice: «En esa clase de amor no hay temor, porque el amor perfecto expulsa todo temor» (1 Juan 4:18). Por eso debemos recordar que el amor viene de Dios y, lo que es más, Dios es amor. Si creemos lo que dice la Santa Biblia, podemos confiar en Dios, pues Él es la fuente de donde podemos tomar el amor que necesitaremos para adoptar a nuestros hijos: ¡Abre tu corazón y recíbelo!

Además, necesitamos del amor de Dios para adoptar a nuestros hijos, porque solo el amor de Dios es ilimitado, inagotable, inmutable, infinito, gentil, santo. A pesar de que soy el objeto del amor de Dios, su amor no se basa en mí. Él es la fuente, Él es amor. En otras palabras, en el amor de Dios no influyen otras cosas. Dios produce este amor en nosotros y, por lo tanto, podemos aprovechar su amor para amar a los demás.

El milagro de la adopción

A pesar de eso, ¿puedo amar de esa manera? De acuerdo con Juan 13:34-35 y 1 Juan 4: 7-21, Dios produce ese amor en nosotros y, de ese modo, podemos aprovechar su amor para amar a los demás. Su amor está a la disposición de todos nosotros para sentirlo de parte de Él y para darlo a cambio. Ahora, pensemos en Moisés y en la esperanza que su familia tenía de guardarlo de la muerte. Sin embargo, Dios había preparado el corazón de una princesa para recibirlo y salvarlo de las aguas. Moisés, el niño salvado de las aguas, creció para ser el instrumento de salvación para el pueblo de Israel. El amor de Dios cubre nuestras necesidades. Al final, todos necesitamos de su amor, pero ese amor se expresa a través de actos humanos guiados por un Dios que no exige, sino que más bien nos permite amar con su amor.

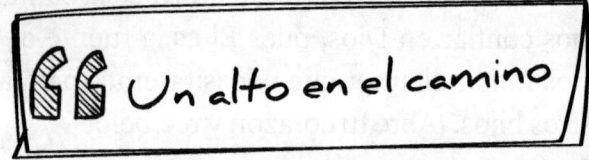
Un alto en el camino

Vi a Nancy Pelosi en la televisión apelando al Senado para que se aceptaran a los niños y los jóvenes extranjeros como ciudadanos estadounidenses a través de la conocida Acta del Sueño. Su intención era concienciarnos de las cosas buenas que estos jóvenes extranjeros pueden traer al país si les damos la oportunidad para que se eduquen, trabajen y sirvan en el ejército estadounidense. A mí me parece irónico que una mujer que toda su vida ha estado

¿Dónde están mis hijos en este mundo gigantesco?

tanto en favor del aborto y que, después de «abortar» a toda una generación de niños estadounidenses, se le ocurra lo que yo he llamado «adoptar» a otro grupo igualmente necesitado de justicia social: los hijos de inmigrantes ilegales. La manera en que veo esta situación es que a través de la legalización del aborto, los Estados Unidos le ha quitado el derecho a la vida a toda una generación de niños abortados. En realidad, a estos tampoco se les dio la posibilidad de crear un futuro, trabajar por ellos y a favor de su país, y se les negó la oportunidad de distinguirse en la vida de las próximas generaciones. Estoy en contra por completo del aborto y del todo a favor de la adopción. Te lo explicaré.

Cualquiera que hubiera sido la razón para abandonar a sus hijos biológicos, las madres biológicas de mis hijos le dieron lo único que podían darle: La oportunidad de vivir; y ese hecho se los agradeceremos mis hijos y yo por el resto de nuestras vidas...

Ahora, después de haber visto una sola foto de David y una sola foto de Julia, nos disponemos a esperar una cita con el Ministerio de Educación de Rusia para conocerlos.

5

Lo difícil de la espera

Me llené de ocupaciones

Durante el proceso de adopción... De David y Julia, viajamos tres veces a Rusia. El primer viaje fue con el objetivo de conocer a los niños y obtener su historial médico. Ya desde este primer viaje tuvimos la oportunidad de celebrarle su primer cumpleaños a Julia. Luego, regresamos para tener la reunión con el juez a fin de decidir la adopción y esperamos diez días por si aparecía algún familiar que los reclamara. En el último viaje, preparamos todos los papeles legales de inmigración y ya nos los pudimos traer para los Estados Unidos. Se escribe muy fácil en un párrafo, pero para nosotros fueron tres meses llenos de emociones, cosas nuevas, crecimiento espiritual y aventuras.

Todo el proceso fue intenso. Cada niño trae todo un historial y te dicen muchas cosas. Te dicen que los niños pueden llegar a tener no sé cuántas enfermedades y que quizá no caminen, ni hablen. Fue muy estresante, pero sabíamos que Dios estaba de por medio y contábamos con la oración de toda nuestra familia y nuestra gente, de nuestra iglesia y nuestros amigos.

Así sucedió...

Después de aceptar el historial médico por escrito y las fotos de nuestros futuros hijos, nos quedamos como todo padre adoptivo, esperando por la cita con el Ministerio de Educación de Rusia. Cada oficina gubernamental tiene sus atrasos y no se les puede exigir el día de su respuesta. Uno se siente a la merced de personas que no conoces y que están bien distantes de nuestras vidas.

Como la mayoría de los que esperan por noticias de tierras lejanas, uno se inventa algo para entretener la espera. Entonces, debido a que no sabíamos la fecha de nuestro primer viaje, nuestro boletín electrónico de adopción se llenó de cosas sencillas de todos los días, a la espera de dar las buenas noticias de la fecha de nuestra primera aventura en Rusia. Al mismo tiempo, esperábamos la llamada y descansábamos en Dios. Nos encontrábamos en los «verdes prados» de nuestro hogar sabiendo que Él nos «conduce junto a arroyos tranquilos» (Salmo 23:2).

Lo fifícil de la espera

Lo que piensa Dios de la adopción

En ese tiempo, también me dediqué a buscar en la Biblia lo que piensa Dios de la adopción. La mejor manera para saber de lo que trata la adopción es abriendo las Escrituras. A medida que me adentraba en la Palabra, todos los pasajes que encontraba se convertían en promesas para mí:

- Descubrí estos pasajes de los Salmos que eran muy significativos para los huérfanos y las mujeres estériles:

> Levanta del polvo a los pobres, y a los necesitados, del basurero. Los pone entre príncipes, ¡incluso entre los príncipes de su propio pueblo! A la mujer sin hijos le da una familia y la transforma en una madre feliz. ¡Alabado sea el SEÑOR!
>
> Salmo 113:7-9

> Dios ubica a los solitarios en familias.
>
> Salmo 68:6

> Aunque mi padre y mi madre me abandonen, el SEÑOR me mantendrá cerca.
>
> Salmo 27:10

> Padre de los huérfanos, defensor de las viudas, este es Dios y su morada es santa.
>
> Salmo 68:5

El milagro de la adopción

Hagan justicia al pobre y al huérfano; defiendan los derechos de los oprimidos y de los desposeídos.

Salmo 82:3

- En mi búsqueda, encontré también en el Antiguo Testamento interesantes verdades y mandamientos relacionados con los huérfanos y las viudas:

El SEÑOR tu Dios es Dios de dioses y Señor de señores. Él es el gran Dios, poderoso e imponente, que no muestra parcialidad y no acepta sobornos. Se asegura que los huérfanos y las viudas reciban justicia.

Deuteronomio 10:17-18

Cada tres años, tienes que ofrecer un diezmo especial de tus cosechas. Ese año del diezmo especial, todos los diezmos serán para los levitas, los extranjeros, los huérfanos y las viudas, para que tengan suficiente comida en tus ciudades. Entonces, en la presencia del Señor tu Dios, tendrás que declarar: «Tomé la ofrenda sagrada de mi hogar y se la entregué a los levitas, a los extranjeros, a los huérfanos y a las viudas, tal como me lo ordenaste. No desobedecí ni olvidé ninguno de tus mandatos».

Deuteronomio 26:12-13

Maldito todo el que se niegue a hacer justicia al extranjero, al huérfano o a la viuda.

Deuteronomio 27:19

Lo fifícil de la espera

> Protegeré a los huérfanos que queden entre ustedes. También sus viudas pueden contar con mi ayuda.
>
> **Jeremías 49:11**

- Por último, en el Nuevo Testamento encontré una definición muy directa:

> La religión pura y verdadera a los ojos de Dios Padre consiste en ocuparse de los huérfanos y de las viudas en sus aflicciones, y no dejar que el mundo te corrompa.
>
> **Santiago 1:27**

Ante tales descubrimientos, decidí comentarlo en mi boletín electrónico de la adopción...

Rebeca

Existen muchas historias de adopción. Por ejemplo, Dios salvó la vida de Moisés usando una madre adoptiva, la hija del faraón. Esta historia no solo es de adopción, sino una interracial.

La historia que más me conmueve es la de Jesús en la cruz, su madre, María, y Juan. María se encontraba llorando al pie de la cruz. Quizá hasta se preguntara: «¿Por qué tendría que morir? ¿Por qué tener que experimentar tanto dolor?». Jesús no contestó estas preguntas. Solo los miró a los dos y analiza lo que sucedió:

> Cuando Jesús vio a su madre al lado del discípulo que él amaba, le dijo: «Apreciada mujer, ahí tienes a tu hijo». Y al discípulo le dijo: «Ahí tienes a tu madre». Y, a partir de entonces, ese discípulo la llevó a vivir a su casa.
>
> Juan 19:26-27

Como ves, el pasaje aclara que desde ese día Juan se llevó a María para su casa como su propia madre. ¡Qué hermosa historia de adopción!

Una cosa que aprendí en mi visita a los niños huérfanos de Brasil es que no solo ellos están buscando que lo adopten,

Lo fifícil de la espera

también desean adoptar unos padres. Aun hoy, entiendo que el mejor lugar donde deben encontrarse los hijos adoptados y sus padres de adopción es al pie de la cruz. Yo he estado allí, preguntando el porqué de mi dolor. Sin embargo, Él no me contestó. Más bien me pidió que mirara al lado mío, también de pie con mucho dolor y heridas, a unos pequeñitos que les hace falta una mamá y un papá... Allí espero encontrarme con mis hijos el día que enfrenten el dolor de su abandono y les pediré que me adopten como su madre. Es increíble cómo el mundo entero está lleno de heridas y que nosotros no nos demos cuenta siquiera.

Una noche me desperté cantando lo siguiente: «Si en verdad estuviera sentada en lugares celestiales contigo, yo debería poder ver el mundo como tú lo ves. Debería ver un mundo en dolor y sufrimiento, y sentiría el intenso deseo de llevarle la esperanza de su resurrección».

Cuando escribí estas palabras, recibí varios comentarios de mis amigos. Mira lo que me respondió una mujer:

El milagro de la adopción

María

¡Muy emocionante! Tus palabras están llenas de inspiración. Los hijos están al pie de la cruz. Muy apropiado.

Yo he tenido mucho de los mismos pensamientos que tú describes mientras atravesábamos el camino de la infertilidad y la adopción. ¡Tú los escribiste de una manera profunda y hermosa!

María

Interrupción en la espera

Cuando ya me sentía segura para esperar en el mejor tiempo de Dios y disfrutando de mi nuevo boletín electrónico de restaurantes, recibimos la noticia de que había llegado el día de partir hacia Moscú. Teníamos una invitación oficial. ¡Saldríamos para Moscú el 21 de abril!

De pronto, sentí sobre mis hombros todo el peso de esas seis semanas de espera. Solo tenía aquellas fotos pequeñitas de los niños que llegarían a ser mi hijo y mi

Lo fifícil de la espera

hija. Ahora, estaba comenzando a comprender que ellos también estaban esperando por mí.

Habíamos estado esperando por seis semanas por una cita oficial y en estos momentos nos llegó la confirmación de que nos reuniríamos con el Ministro de Educación el 27 de abril. También ese mismo día conoceríamos a nuestros hijos. Los planes eran viajar a Moscú, con escala en Milán, el viernes 21 de abril.

¿Mi primera preocupación? ¡Hay que organizarse, sobre todo con las maletas! Así que comenzamos a empacar dos maletas de mano, porque no quería confiar mis maletas dentro del avión en mi viaje a Rusia.

Los nuevos amigos que me seguían por la Internet estaban muy emocionados. Estas fueron algunas de sus respuestas:

Nilda

¡Felicitaciones! ¿Sabes si vas a adoptar a un niño, una niña o unos hermanitos? ¡Qué buenas noticias! ¡Espero que me cuentes acerca de tu viaje y de los niños!

Nilda

Marta

Excelentes noticias. Felicidades a los dos y a los nuevos miembros de su familia. ¡Me encanta escuchar buenas noticias!

Marta

Sin lugar a dudas, estas eran buenas noticias. Parte de la razón por la que comencé cosas tan triviales en apariencia como escribir un boletín electrónico de restaurantes fue obviar la tentación de leer todos los malos informes que uno puede encontrar en la Internet sobre la adopción en Rusia. Había escuchado historias de personas esperando hasta un año después de haber visto las fotos de sus futuros hijos.

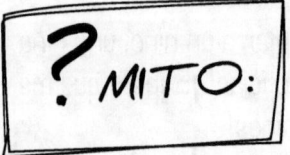

«Las personas que adoptan son egoístas».

Lo fifícil de la espera

He aquí el mito que me dijera una vez una persona con ira: «La adopción no es la institución por la que alguien puede lograr su sueño de ser padre. La adopción es el proceso de encontrar familias para los niños que las han perdido. No es encontrar los niños más pequeños, ni más sanos posibles, para las personas que quieren ser mamás y papás».

La respuesta es que la gente adopta animales para darles un dulce hogar... La gente adopta hijos porque quieren ser padres. El dulce hogar viene cuando uno le ofrece un cuidado desinteresado y amoroso a ese ser humano, ya sea tu hijo biológico o no. A ninguna de estas personas se le puede tildar de egoísta solo porque quiera ser padre. Lo triste es haber escuchado esta expresión de un padre adoptivo. ¡Lo cual yo no entiendo!

Algunas personas tienen la posibilidad de criar un bebé. Otras pueden criar un niño especial de diez años de edad. Todos nosotros estamos constituidos de maneras diferentes, por eso nos llaman individuos. No nos podemos poner a culpar a los que no adoptarían a los niños que adoptaríamos nosotros. La adopción no es una competencia acerca de quién es el mejor ser humano ni el más sacrificado.

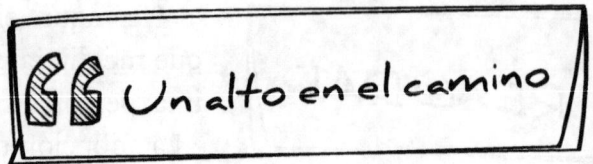

Un alto en el camino

Ya alistando para mi viaje a Rusia y una parte importante de mi equipaje era imprimir una hoja de trabajo que debía llenar cuando llegara a Rusia. Aquí tienes las preguntas:

1. ¿Cuáles son las principales etapas de la «odisea» de un huérfano ruso?

2. ¿Qué clase de cuidado reciben los bebés en los orfanatos del estado y qué problemas afrontarán los niños una vez que ya no sean bebés?

3. ¿Cómo se planifica el cuidado de los niños después de los cuatro años? ¿Cuál es la relevancia del diagnóstico médico que reciben los niños?

4. ¿Qué les espera a los niños una vez que se «gradúan» de los orfanatos?

5. ¿Qué clase de tratamiento, educación y cuidado de la salud reciben los huérfanos rusos de las instituciones estatales? ¿Cómo depende del tipo de orfanato?

6. Compara la situación concerniente a los huérfanos en Rusia y los de su país. ¿El cuidado del huérfano se establece de forma similar o de diferentes maneras?

Lo fifícil de la espera

1. ¿Cómo, en su opinión, puede mejorarse la situación de los huérfanos en Rusia (cambios legislativos, adopciones extranjeras, hogares privados para los huérfanos, etc.)?

¿Qué tenía todo esto que ver con mis hijos? No podía verlo todavía. Mi mundo estaba a punto de cambiar.

6
Mis primeras impresiones de Rusia

El primer viaje

¿Cómo podemos hablar... De la adopción de mis dos hijos sin que hablemos de Rusia, sus costumbres, su gente y su comida? Después de todo, uno no se baja del avión y lo llevan directo al orfanato donde están tus futuros hijos. ¡De ninguna manera!

Antes de llegar a Rusia, hicimos escala en Milán, Italia. Así que aprovechamos para pasar allí dos días a fin de no estar en Rusia con tremenda sensación de agotamiento físico y desorientación, debido a las ocho horas de diferencia entre las zonas horarias. En Milán pasamos el desfase horario y aprovechamos para comprarle a Julia un vestido para su primer cumpleaños. Dios orquestó todo esto, ¡no nosotros! Mi hija está en un orfanato hoy,

El milagro de la adopción

¡pero sus futuros padres le están comprando un vestido hermosísimo en Milán, Italia!

Cómo me alegra saber que Dios hace lo mismo con nosotros. Pasamos por un sinnúmero de situaciones difíciles hoy... y ya Dios está preparando nuestro futuro. Eso fue lo que nos dijo Jesús:

> En el hogar de mi Padre, hay lugar más que suficiente. Si no fuera así, ¿acaso les habría dicho que voy a prepararles un lugar?
>
> Juan 14:2

En esa oportunidad, aprovechamos y le compramos su primer juguete a Julia: ¡un muñequito color zanahoria que no se encuentra en ningún lugar del mundo! ¡No! Y grito de éxtasis mientras escribo esto, ¡pues creo sin lugar a dudas que lo hicieron solo para ella!

Esa también es mi experiencia... ¡Cuántos regalos he recibido de la mano de Dios que se hicieron solo para mí! Mi Padre me ama mucho. Yo soy su hija. ¿Cómo escribir esto y no llorar de la alegría? Dios me ama y se llena de alegría al darme regalos que me muestran su amor. Julia va a ser uno de estos hermosos regalos. Todos van a querer una Julia, ¡pero solo hay una! Y es mía. Todavía no la he visto y ya la amo.

A pesar de todo, del capítulo anterior de mi vida aprendí a no entregar el corazón por completo hasta que

Mis primeras impresiones de Rusia

me lo dijera Dios. Como el sabio Salomón cuando pidió que le prometieran que no despertarían «el amor hasta que llegue el momento apropiado» (Cantares 2:7).

Rebeca

Nuestro primer viaje... ¡comienza la aventura!

Tengo que pedirles disculpas a mis amigos de este boletín electrónico por el retraso en contestarles. El asunto es que llegamos a Moscú, y cuando fuimos a usar la computadora, ¡nos dimos cuenta que no teníamos un convertidor de corriente! ¿Cómo se nos pudo olvidar? Este pequeño detalle fue un gran error, pero sé que es un error común, ya que no es lo que tenemos en mente cuando viajamos para adoptar. Aun así, es imprescindible si quieres mantener la comunicación con tus seres queridos a través de la tecnología. Por lo tanto, si vas a adoptar en el extranjero, es mejor que compres todos tus elementos tecnológicos.

Hay muchas cosas nuevas y experiencias que me gustaría escribir, pero es mejor mantener el enfoque en la historia.

En los próximos dos capítulos, me gustaría contarles acerca de la reunión en Moscú con el Ministerio de Educación y nuestra primera visita con nuestros niños... Estas son las

El milagro de la adopción

cosas más importantes del primer viaje. Así que les prometo que les contaré lo siguiente en detalles:

1. Las primeras impresiones de nuestra reunión con nuestros hijos... ¡Son hermosos!
2. Nuestras impresiones acerca de la cultura de Rusia... El letrero en el aeropuerto que dice: «Es otro mundo».
3. Mis opiniones de los restaurantes alrededor de la calle Arbat... Excelente comida.
4. Nuestro tiempo en los orfanatos... Sí, ¡dos de ellos!

No obstante, antes de todo esto, me gustaría escribir un resumen de mis primeras impresiones de Rusia.

¡Estamos muy agradecidos por todas las oraciones de nuestros amigos y familiares! Quiero también darle las gracias a Lorien, porque después de conocer al equipo que está manejando nuestra adopción aquí en Rusia, es que uno puede valorar todo lo que tienen que hacer y el trabajo tan increíble que realizan. ¡Es obvio que se preocupan de verdad por las familias y los huérfanos que sirven!

Mis primeras impresiones de Rusia

¡Llegamos a Moscú!

El viaje desde Milán a Moscú fue bien agradable. Sin embargo, cuando llegamos al control de pasaportes, tuvimos que esperar dos horas en línea. Esto nos cansó mucho. Además, he estado sufriendo de hemorragias cada vez que tengo mis períodos y, por supuesto, al estar de pie por dos horas en esas condiciones, estuve a punto del desmayo.

Cuando llegó mi turno para mostrar mi pasaporte, tuve algunos problemas. Así que me llevaron a un lado a fin de tener una reunión especial conmigo. Tenía mucho miedo, pues me trataban como si hubiera hecho algo mal. En realidad, el asunto no fue tan grave, lo que sucede es que los rusos parecen siempre serios. El problema estaba en mi pasaporte que indica que mi género es masculino. Me causa gracia que tuve que demostrar que era mi pasaporte y que yo era una mujer. Luego, me dejaron ir no sin antes otra media hora de investigación.

Vlad, el hombre a cargo de la agencia en Rusia, estaba allí para reunirse con nosotros. ¡Esto fue una bendición! El trayecto hasta el hotel nos tomó alrededor de una hora. Estábamos muy cansados. Nos sentíamos como si hubiéramos viajado todo el día... ¡y creo que lo hicimos! Vlad sería nuestro chofer, traductor y ayuda para nuestro viaje de adopción.

El milagro de la adopción

Estaba muy agradecida, sobre todo por todas las oraciones. ¡Hemos sentido el calor de ellas y las apreciamos de verdad! En menos de dos días nos reuniríamos con nuestros hijos potenciales... En una mañana de jueves.

Tan pronto como llegamos, me di una ducha y, luego, fuimos a cenar al restaurante del hotel. Los hoteles casi nunca tienen buena comida, porque no es su línea de negocio. Así que jamás juzgamos la comida de una ciudad solo por comer en un restaurante de hotel. Sin embargo, el restaurante del hotel Arbat en Moscú es una excepción. En realidad, sirven comida tradicional rusa y es deliciosísima.

La comida era tan buena que pedí la carta del restaurante para poder colocar lo que comí esa noche y nunca más olvidarlo. Tengo que aprender tanto como pueda sobre la cultura de mis futuros hijos en un tiempo muy corto. Así que no tienes que seguir leyendo... Esto es solo para propósitos de mi diario. Me gustaría escribir una reseña de los restaurantes y la comida de Rusia.

Sé que podría haber escogido, en su lugar, dedicarme a hablar de la grandiosa arquitectura y de lo colorido de los edificios construidos antes del comunismo con sus cúpulas de oro. Tampoco me dedicaré a armar mi caso y decirte que los edificios que se construyeron durante el comunismo se pueden identificar porque todos son iguales: aburridos, simples, sin estructura arquitectónica especial y todos de color gris.

Mis primeras impresiones de Rusia

Esta es la primera comida que cenamos en Moscú, en el restaurante del gran hotel Arbat.

Rebeca

Nuestra primera cena en Moscú

Para aperitivo, mi esposo escogió caviar rojo del Extremo Oriente con blinis (pequeñas tortillas rusas hechas con levadura y alforfón), tanto las claras como las yemas, crème fresh, bien picada también, servidos en el plato con una porción de cebolla roja y perejil. Esta va a ser una gran idea para un aperitivo si decidimos hacer una fiesta cuando nuestros hijos lleguen a casa con nosotros, pues no quiero que olviden sus tradiciones. Además, comer este tipo de comida sería una excelente forma de honrar su país de procedencia.

En cuanto a mí, lo que pedí fue la sopa de pescado rusa, que se hace de salmón, papas, apio, setas y zanahorias. Mi sopa estuvo fantástica y me voy a llevar la receta para preparárselas a mis hijos cuando estén conmigo en casa. Oukha es el nombre de la sopa de pescado que me tomé en Rusia. No hay manera que recuerde el nombre en un par de años, pensé. Así, pues, aquí está escrito. ¿Puedes verme? ¿Tener mi propio libro y abrir esta página para encontrar la receta y el nombre de la sopa? Sí, va a suceder. Y se la voy a mostrar a mis hijos.

Entonces, como plato principal, mi esposo escogió el Filete Stroganoff, se trata de un filete de carne de ternera hecho dados con setas, cebollas y salsa hecha de crema agria servida sobre arroz y huevos de codorniz. Yo pedí un plato típico de Georgia llamado lula-kebab, que es una especie de brocheta envuelta en berenjenas con salsa de granada. Toda mi familia podría disfrutar de este plato, ¡ya que es muy inteligente la manera en que mezclaron todos estos ingredientes en un solo plato! También viene con una ensalada de pepinos, tomates y lechuga. Los pepinos son algo que tenemos en común todas nuestras culturas: Brasil, Colombia, Estados Unidos y Rusia. Creo que vamos a comer muchos pepinos juntos en familia.

¡Todo estaba delicioso! Incluso el pan... y eso es bueno para mí decirlo, pues no como el pan debido a que intento ver mi consumo de carbohidratos para no engordar.

Mis primeras impresiones de Rusia

Un vistazo a los restaurantes de la calle Arbat

Como prometí, esta es una revisión de los restaurantes cerca de la calle Arbat. Recuerdo la primera vez que coloqué en la búsqueda de Google: «Arbat, Moscú, calle de Rusia». Era el nombre más extraño de todos, pero al mismo tiempo me parecía una palabra árabe. El Arbat es un símbolo de la vieja Moscú y su nombre se menciona en las crónicas de la ciudad que se remontan a 1493. En ese año, toda la ciudad se vio envuelta en un terrible incendio, que se cree que lo provocó una vela en la Iglesia de San Nicolás en Peski, que está situada en la calle Arbat. Es posible que la palabra se derive del término árabe arbad, que significa «suburbio». Algo que muy bien pudo haberse utilizado para describir la zona de Arbat, debido a que en el siglo XV solo el Kremlin en sí se consideraba como la ciudad propiamente dicha. Esta zona la utilizaron los árabes y sus grandes caravanas de mercancías procedentes del Oriente, por lo que Arbat es una palabra árabe que tal vez se asimilara en el dialecto local.

El Arbat es la más encantadora y animada calle peatonal de Moscú. Una vez fue el barrio bohemio de la ciudad, llena de cafés repletos de la elite intelectual de la capital. La calle Arbat conserva aún hoy un aire dinámico y artístico. Es divertido pasear y entretenerse con los puestos de venta de artesanías tradicionales y regalos rusos.

El milagro de la adopción

Los artistas ofrecen lienzos originales y los vendedores callejeros entretienen a los compradores. Para mis adentros, decía: «Tengo que comprar un hermoso mantel hecho a mano para las ocasiones especiales de celebración en casa con mi familia en el futuro». También era mi deseo encontrar ropas especiales para Julia y para David.

Así que, no comimos en McDonald's, TGI Fridays, ni en Baskin Robins cuando estábamos en Moscú. ¿Te sorprende? Todos estos restaurantes se encuentran en la calle Arbat también. Siempre se puede ir a estos restaurantes cuando estamos en casa. Entonces, ¿por qué no aventurarse con algo nuevo y apasionante? Sé que algunos de ustedes están listos para saltarse este capítulo debido a todos estos detalles, pero también sé que algunos otros lectores muy importantes para mí van a disfrutar mucho este capítulo. Es decir, espero que algún día mi David y mi Julia puedan leer acerca de su país de origen en este libro.

Nos sentíamos tan cansados cuando estábamos en Moscú, que en realidad nunca llegamos a tener una cena en la calle Arbat. Ya ves, ¡nos quedábamos en el Hotel Arbat! Y cuando uno camina desde el hotel hacia la calle Arbat, lo que le llaman el «Viejo Arbat», en el trayecto uno se encuentra un montón de restaurantes.

Restaurante indio... Al otro lado de la calle del hotel se encuentra un nuevo restaurante que llevaba abierto menos de un mes y que sirve una «fusión» de

Mis primeras impresiones de Rusia

comidas propias de Europa y la India. Entramos y me puse a ver la decoración y el medio ambiente. El mobiliario era muy bonito, los pisos eran de madera y se veía muy elegante. Su chef es uno de los más famosos de Londres y acaba de abrir este lugar en Moscú. Los precios son en euros, alrededor de treinta euros por plato. Los vehículos estacionados en los alrededores del restaurante son Bentley, BMW y Mercedes Benz. No comimos allí. Yo no estaba de humor para el tipo de restaurante «celebridad del chef». Además, aunque me gusta la comida india, no quería pagar treinta euros por un plato.

Restaurante francés... Si continúas caminando, encontrarás un restaurante francés donde la comida es buenísima y los precios son razonables. Aquí yo pedí lubina estilo provenzal... ¡simplemente delicioso! Sé que algunos de ustedes no tocarían este plato, ya que viene con la cabeza, pero la carne de la cabeza es la más deliciosa... Pregúntale a cualquier experto en peces.

El agua en Moscú es más cara que el champán y el caviar es muy razonable. Si vas a Rusia, ¡tienes que comer un poco de caviar! De todas formas, te recomiendo este restaurante francés por el tipo de comida, el ambiente y su gran servicio. La gente es muy amable. Mi esposo pidió pechuga de pollo envuelta en tocino con salsa cremosa de hongos, ¡estaba increíble! El plato de mi esposo vino con papas. También compartimos una ensalada verde con legumbres muy frescas y sabrosas.

El milagro de la adopción

Restaurante turco... Continuando el camino encontrarás un restaurante turco. ¡Nuestro favorito en Moscú! Me encanta la comida del Oriente Medio y aquí sirven buena comida y sabrosa. Para el almuerzo, el restaurante tiene un plato especial de diez dólares estadounidenses. En este especial, puedes elegir un tipo de ensalada, un tipo de sopa, un plato de carne y tu elección de café o té. Para los platos de carne, te dan a escoger entre pollo, carne de res o cordero. ¡Yo elegía casi siempre el cordero! Todos estaban deliciosos. La sopa de lentejas es de lo mejor que me he tomado, aunque también te dan la opción de sopa de pollo. De todos modos, ¡me encanta la sopa de lentejas! Así que esta es una gran alternativa de almuerzo cuando tienes un presupuesto apretado, ya que, por lo general, los restaurantes en Moscú son muy costosos.

Restaurante uzbeco... Cruzando la calle del restaurante turco hay un restaurante de Uzbekistán. La comida es similar a la cocina del Oriente Medio, pero no es mi favorita. No volvería a comer allí. Además, tienes que pagar en efectivo, ¡ya que no aceptan ningún tipo de forma de pago!

Restaurante Moo-Moo... Entonces, justo al lado de este restaurante uzbeco está el famoso restaurante «Moo-Moo». Estos restaurantes están decorados con su famosa vaca negra y blanca.

Mis primeras impresiones de Rusia

El menú completo es de autoservicio e incluye una amplia variedad de carnes (incluyendo pinchito), verduras, sopas, panes y postres. Sin duda, excelente comida a precios muy razonables. Hay líneas, a cualquier hora del día para pedir sus alimentos, pero una vez que pides, de alguna manera siempre encontrarás un lugar para sentarte.

Si se tiene prisa o simplemente tienes algo que hacer después de la comida, no recomendaría que pidieras algo en Moo-Moo que requiera cocción adicional. Solo se debe elegir entre la comida ya preparada, que de todas maneras es muy fresca y deliciosa. Comimos allí un par de veces, pero con los niños es un poco más complicado.

Este es un lugar que tienes que ir a comer cuando te encuentres en Moscú, debido a que este restaurante es solo una experiencia que se puede tener en Rusia. Hay muchos Moo-Moo alrededor de la ciudad, y hay uno en la calle Arbat.

Restaurante italiano... Junto al Moo-Moo hay un restaurante italiano llamado «Italia», donde también comimos allí una muy buena comida. Algunos platos me parecieron caros, pero la pizza estaba bien deliciosa y su precio es alrededor de siete dólares por cada pizza personal.

Restaurante McDonald's... Entonces, en la misma calle tienes el McDonald's. No, no comí allí, pero tomamos café en el Café Mac, que es un agradable lugar para observar a la gente y tener un buen café con leche y un postre como un tiramisú.

Restaurante del hotel Arbat... Si te hospedas en el hotel Arbat y estás muy cansado para caminar a cualquier otro lugar, te recomiendo que pruebes el restaurante del hotel. Su menú contiene los elementos que son tradicionales de la comida rusa.

Claro está, también hay otras opciones en la calle Arbat que no llegamos a experimentar. Vimos que algunos restaurantes se estaban preparando para el verano y construían sus patios al aire libre con sombrillas para estar... ¡Esperemos que estén listos para nuestro segundo viaje a Moscú!

En caso de que te estés preguntando si aumenté de peso durante mi estancia en Moscú, te diré que no. A pesar de que fuimos varias veces a comer en «Moo-Moo», no aumenté de peso. Comí muchísimo, pero la tensión del proceso de adopción, y todas las caminatas que hay que hacer, de alguna manera me ayudaron con el metabolismo.

Como es de esperar, yo le enviaba a mis amigos mis impresiones de Rusia y a la mayoría de mis lectores del boletín electrónico les encantó mis reseñas de restaurantes. A decir verdad, es un valioso elemento tener a alguien que nos guíe dónde comer cuando vamos a adoptar a un país extranjero que no conocemos. A uno le preocupa lo que va a comer, dónde y cuánto costará.

Mis primeras impresiones de Rusia

No olvidemos que la comida es el combustible para nuestro cuerpo y que casi siempre nos toca comer tres veces al día. Así que mi nueva amiga Carolina me escribió la siguiente nota:

Carolina:

¡Me encantan tus reseñas de restaurantes! Todavía me parece muy extraño que ustedes estuvieran allí en su primer viaje al mismo tiempo que nosotros realizábamos el tercer viaje. Caminamos por las mismas calles. Y adoptamos en el mismo orfanato que tú. Conocimos a la otra pareja que salió a cenar con ustedes. ¡Qué gente tan linda! Y todavía tú y yo no nos hemos podido conocer en persona. Tus amigos pasaron por el apartamento de Vlad, donde nosotros nos estamos alojando. Es un mundo pequeño después de todo. ¡Estoy ansiosa por seguir leyendo más acerca de toda esta aventura!

Carolina

Carla

Muchas gracias por las reseñas de los restaurantes. Copié e imprimí tu mensaje para poderlo llevar con nosotros a Rusia. Puesto que vamos a tener nuestros diez días de espera en Moscú, ¡creo que esta información será muy útil!

Me alegro de que estén encontrando tiempo para disfrutar de la cultura local. Estoy de acuerdo con todos los comentarios que dicen… No creo que yo podría comerme un pescado entero con cabeza y todo.

Carla

La celebración de la Iglesia Ortodoxa Rusa

Lo primero que debíamos hacer en Moscú referente a la adopción sería la visita a las oficinas del Ministerio de Educación. Allí nos debíamos encontrar con el equipo que ha estado trabajando con todos los papeles que les enviamos tres meses atrás. El gobierno nos asignó la visita a los orfanatos donde se encontraban nuestros hijos y nos darán un papel gubernamental que nos permita la entrada a los dos orfanatos. Ninguna persona puede ingresar a los orfanatos del gobierno sin un permiso y una carta del Ministerio de Educación, en la que se le otorgue ese privilegio. Esto será el jueves, pero hoy tenemos el día libre para pasear y conocer la ciudad. Así que contratamos una guía turística.

Rebeca

Estábamos en Moscú en el momento en que la Iglesia Ortodoxa Rusa celebra la Pascua. El miércoles visitamos la iglesia del Cristo Salvador. Vimos cómo la gente sigue trayéndole flores al Señor, ¡recordando que Él está vivo! Todas las puertas dentro de la iglesia estaban abiertas como una señal de que Él vino y está vivo. Los huevos de pascua que venden en el mercado están marcados así: ¡Cristo ha resucitado!

Ante esto, digo:

> Señor, mándame una sorpresa.
> Una que me pille con la guardia baja
> y me haga pensar.
> Al igual que la Pascua.

> Envíame una resurrección
> cuando todo parece muerto y enterrado.
>
> Envíame la luz
> cuando lo oscuro de la noche parece demasiado largo.
>
> ¡Ah, y Dios lo hizo! Él me sorprendió en Moscú escogiendo esta época del año para conocer a nuestros hijos. Ellos son como la resurrección para nosotros en un aspecto donde estábamos muertos.
>
> Él es la provisión en el lugar de tu carencia. Él está allí para darte en el lugar donde a ti te falta. Con razón el rey David decía en el Salmo 23: «El SEÑOR es mi pastor; tengo todo lo que necesito» (v. 1).

Mantener los recuerdos en forma de crónicas fue una gran idea para desahogar mis sentimientos y ordenar mis pensamientos. Asimismo, mientras caminábamos y disfrutábamos nuestro viaje, otros se llenaban de esperanza para su propio viaje. Alguien me escribió y me dijo:

Mis primeras impresiones de Rusia

Marta:

He estado leyendo tu boletín por un mes más o menos. Acabo de regresar a leer después de una semana. Estoy muy emocionada al ver cómo se despliega tu historia. ¡Me siento alentada y motivada por tu fe en Dios! Estamos a la espera de nuestra cita en el tribunal y me he vuelto adicta a tu boletín de adopción. Leerlo es mi estrategia para sobrellevar la espera.

Marta

 «En la adopción los padres escogen al niño que quieren adoptar».

 Los padres adoptivos no escogen el niño que van a adoptar en un grupo de muchos. El padre adoptivo puede

El milagro de la adopción

optar por decirle «sí» o «no» a un niño que le refiere en adopción una agencia aprobada que se dedica a esto.

Cuando me ven con mi hijo, David, las personas piensan que pedí un niño rubio de ojos azules. Sin embargo, lo que el rostro de mis hijos no pueden contar es la historia que quedó atrás. Además, mediante la redención realizada a través de la adopción, ellos son otra cosa hoy.

Cuando conocí a mis hijos, formaban parte de un grupo de niños considerados los más despreciados y menos deseados tipos de huérfanos que existen. En ese grupo se encontraban niños que abandonaron sus madres enfermas el día que los trajeron al mundo. Madres que estaban condenadas a muerte por el sida y otras tantas enfermedades venéreas. A esos niños los dejan solos en un hospital por sus primeros dieciocho meses de vida hasta poder probar que el virus del sida ya no aparecerá más en su sangre. Muy pocas personas quieren correr el riesgo y está bien que lo digan antes de adoptar. No quiero ser yo la que juzgue a otros que le han dicho «no» a un niño que nació con sida. Le doy gracias a Dios que me encontró digna de este llamado de ser instrumento para salvar la vida de sus dos hijos, hoy mis hijos, David y Julia. Dios los salvó de un futuro aterrador y en el proceso me mostró que yo también tenía un futuro aterrador esperándome en el infierno, pero que Jesús intervino en mi favor.

Mis primeras impresiones de Rusia

Tengo que escribir aquí lo que pedí cuando la agencia de adopción me preguntó qué tipo de niño quería adoptar: «Quiero un niño varón, huérfano, de dos años y que nadie quiera». La agencia solo me mostró una foto... la foto de mi hijo David. Luego, me aseguraron que aunque lo habían referido a otras familias, todas le habían dicho «no» debido a su historial médico.

Más tarde en Rusia, cuando David ya estaba en mi regazo como hijo, conoceríamos a una de estas familias que le dijo «no» a David. Dios nos utilizó como instrumentos a fin de ayudar a esta pareja para que adoptara al niño que decidieron conocer en este su primer viaje a Rusia, mientras nosotros estábamos en nuestro tercer y último viaje de adopción.

Un alto en el camino

Estábamos en Rusia, pero aún esperábamos el gran día en el que conoceríamos a nuestros hijos. Mientras buscábamos la manera de sobrellevar la espera, nos entreteníamos en Milán y en Moscú, aunque también teníamos más serias y tiernas responsabilidades. Nuestra tarea diaria era dormir con unos ositos de peluche que compramos: uno azul para David y otro rosado para Julia.

El milagro de la adopción

Antes de irnos para Rusia, dormíamos con ellos en nuestro pecho todas las noches. La idea era entregarles a nuestros hijos esos ositos de peluche impregnados con nuestros olores para que nos recordaran de un viaje a otro. ¿Cuánto tiempo tendrá el olor que mantener el recuerdo de nuestro perfume? Solo Dios podía responder a eso.

7

El día que nos conocimos

Una cita celestial

¡El 3 de mayo de 2006... Fue el primer cumpleaños de mi hija Julia! Y antes de conocerla, Dios me regaló una canción para ella.

Estaba en la oficina de Royal Caribbean, donde me desempeñaba como analista de negocios en el área de tecnología, y en la mitad de una reunión en la que estaba tomando notas, Dios me dio una bella canción, música y letra, en mi mente. Absorbió todo mi intelecto y allí, mientras otros hablaban, yo no sé de qué, escribí una canción de cuna para mi hija. A continuación, escribí otra para mi hijo. Las canciones de cuna son parte de un CD que está disponible con este libro y que te inspirará a cantarle también a tus hijos. ¡Esto es parte del milagro del amor!

El milagro de la adopción

Julia, esta canción de cuna es la promesa de mami para ti:

Viniste de lejos,
Mi alma ganaste,
Con ojos de ensueño.

De Dios el tesoro,
Que vino a su tiempo,
A mami alegrar.

Tan cerca te tengo,
Muy dentro, muy fuerte,
En el corazón.

Con Dios de testigo,
Prometo quererte,
¡Por siempre un montón!

El día que conocí a mis hijos

Voy a tratar de recordar los sucesos de aquel jueves cuando nos reunimos por primera vez con nuestros hijos y voy a ser sincera. Solo espero que este relato sirva para ayudar a algunos de ustedes que en el futuro les tocará pasar por una experiencia similar. Cuando vamos a adoptar, podemos tener algunas expectativas del día en que se conoce al ser que tanto se ha esperado y que podría no ser exactamente así de «sublime» cuando llegue el momento.

El día que nos conocimos

Nos encontramos con Vlad en el vestíbulo a las nueve de la mañana del jueves. También había otra pareja esperando para ir a conocer a su futura hija... ¡nos hicimos buenos amigos al instante! A continuación, visitamos la oficina del Ministerio de Educación.

En el lugar, había una habitación donde uno va al encuentro con el traductor. Ya nerviosos en la sala de juntas del ministerio, nos reunimos con nuestro equipo: un abogado, un traductor y una trabajadora social. También estaban sentados a la mesa el funcionario del gobierno y la secretaria que revisaban todos los papeles y llenaban unos formularios más. Al final, salimos de la oficina después de un interrogatorio exhaustivo y de comprobar que todos nuestros documentos estuvieran en orden. El oficial se limitó a nuestros papeles, nos miró a la cara y firmó algunas cosas. Luego, entregó el permiso para que pudiéramos visitar a los niños. Con tal objetivo, nos estregaron un papel con la orden judicial, a fin de poder conocer a nuestros futuros hijos.

¡Eso fue todo! No hubo mucho dolor, relativamente muy fácil comparado con la carga emocional que nos esperaba en el orfanato.

Más tarde, nos fuimos al tercer orfanato de Moscú a la primera visita de nuestra futura niña. Yo iba en la parte trasera del auto, no estaba nerviosa para nada. Es más, estaba un poco sorprendida de mí misma.

El milagro de la adopción

Sentía las oraciones de familiares y amigos que en muchos lugares se levantaban en nuestro favor en ese mismo instante. Llegamos al orfanato y nos pidieron que esperáramos mientras la niña se arreglaba. En realidad, entendía lo que decían porque el sonido de la palabra en ruso era similar a la palabra en español «maquillaje», que significa «arreglarse». Las mujeres que trabajan en este orfanato son muy «alegres», en comparación con la mayoría de los rusos que encontramos en todo el viaje. Me sentí muy a gusto y cómoda. La directora del orfanato tiene una actitud muy relajada e informal. De nuevo, muy diferente a la del resto de la gente que encontramos en nuestra travesía por Rusia. Creo que la gente en ese orfanato disfruta en realidad de sus puestos de trabajo.

De inmediato, nos llevaron a un cuarto largo y con los pisos forrados de alfombras muy tradicionales rusas. Hay que quitarse los zapatos, porque es de mala educación pisar sobre las alfombras con los zapatos sucios. Los únicos en el cuarto éramos mi esposo y yo y esperábamos que se abriera la puerta para ver entrar a nuestra pequeñita.

Después de lo que me pareció una larga espera, allí apareció la enfermera con Julia, una niña hermosa e igual una extraña. Empezamos nuestra relación de la manera apropiada: nos sonreímos la una a la otra. Mi esposo tomó algunas fotos, comenzamos a sentirnos un poco cómodas la una con la otra y, luego... todo el mundo salió de la habitación y allí nos quedamos mi esposo, Julia y yo.

El día que nos conocimos

La niña me miró, miró a la habitación vacía... ¡y empezó a llorar! Lloró durante quince minutos sin parar. Nada de lo que hiciera la hacía parar y me miraba como a una extraña, no solo con miedo, sino con desdén. Vlad y el médico del orfanato se acercaron y me dijeron que tal vez no era más que hambre, por lo que se la llevaron para darle de comer. Mientras estaba fuera, Vlad se sentía muy mal por mí. Creo que pudo ver en mis ojos que yo estaba confundida y me sentía rechazada. ¡Tenía toda clase de pensamientos!

Vlad se sentó frente a mí y me dio dos buenos consejos. Primero, me ayudó a recordar que tenía opciones y, lo segundo, me mencionó algo que ya sabía de la investigación de la Web, pero que en ese momento yo estaba confundida y se me había olvidado: «Si el niño llora cuando está contigo a solas, es horrible, ¡pero es una buena señal en cuanto a la salud del niño!». Esto significa que entiende que algo está sucediendo fuera de lo normal y extraña a su entorno habitual.

Cuando Vlad me habló de las opciones, es como si estuviera de nuevo en Brasil. Sin embargo, esta vez tenía delante a alguien compasivo que sí entiende que es importante para la niña que estoy adoptando que yo esté segura que quiero ser su mamá.

Bueno, al cabo de un rato, trajeron de nuevo a Julia después de darle de comer y otra vez, cuando nos quedamos solos, comenzó a llorar y no paró. ¡Lloró por otros quince minutos!.

El milagro de la adopción

En ese momento, yo también estaba llorando y pidiéndole a Dios, literalmente: «Señor, no puedo manejar esto. Por favor, ayúdame. ¿Qué estás tratando de decirme?». Para entonces, Vlad y el médico vinieron corriendo y me preguntaron si alguna vez Julia dejó de llorar, a lo que les respondí: «No». Ahora sentía que ni siquiera era lo suficientemente buena para ser madre, pues hasta una bebé que no sabe hablar me rechaza.

Debido a que el asunto no parecía resultar entre Julia y yo, Vlad y los otros ayudantes decidieron hacer algo fuera de lo normal en Rusia: Nos llevaron a la sala donde estaban los otros niños... Allí, pude ver por primera vez a un grupo de unos veinte huérfanos rusos. Me sentí de nuevo en el lugar que Dios quería que estuviera, en un orfanato visitando a los que Él llama sus hijos. El Señor no quería que saliera de Rusia con mi hija en brazos y que fuera fácil para mí olvidarme de los que se quedaban.

En mi corazón, ya lo había preparado para no mirar muy de cerca a cada niño como individuo. Trataba de mirarlos como un grupo, porque el dolor es realmente muy grande al ver por primera vez tantos bebés sin una mamá ni un papá. Julia no estaba en el cuarto en esos momentos. Al parecer, se la llevaron para tomarle su temperatura. Creo que era solo para que me sintiera mejor, menos rechazada. Trajeron a Julia y en cuanto vio a su trabajadora social, dejó de llorar. Allí me di cuenta que era una niña muy normal haciendo sufrir a los adultos que se dejan manipular.

El día que nos conocimos

Así, pues, empezamos de nuevo. Esta vez con todos los demás niños en la sala. Miré a mi alrededor y de repente sentí cómo el universo se detenía en ella. Lo supe de inmediato. ¡No elegiría ningún otro niño de ese cuarto! Ella es la única que elegiría en cualquier sitio del mundo. Todavía era una desconocida para mí, pero una desconocida muy especial ahora. ¡Una extraña que poco a poco podía verme loca de amor por ella! Este fue el sentimiento que tenía: confusión, frustración, emoción y un descubrimiento repentino de que en esa sala no había otra como Julia. Vi una luz que se detuvo en ella mientras manejaba el andador. En ese momento, tomé la decisión de amarla.

Me acerqué a los otros niños y Julia de repente se interesó en mí. Me senté junto a ella en el sofá, pero cargué a otra niña más en mi regazo hasta que sentí que Julia se sintió cómoda conmigo. Ella me tomó mi dedo, jugó con el juguete que le traje y hasta me dio una pequeña sonrisa. Luego, Vlad llegó corriendo: «Es hora de ir para el otro orfanato».

El milagro de la adopción

Rebeca

Reflexionando una vez más en mi primera experiencia con Julia, me doy cuenta que esta es la forma menos natural de encontrarte con tu hijo. No tengo hijos biológicos, pero creo que ninguno de ustedes en el momento de dar a luz se puso a mirar cuántos dedos tiene, ni el tamaño de la boca. En el instante que te acaban de entregar a tu bebé, no te fuiste en busca de los signos vitales. Sin embargo, ¡eso es lo que estaba haciendo yo! Es horrible... todavía me siento un poco culpable por eso. ¡Me parece que Julia podía sentirlo!

En cuanto a mí, tenía un resfriado, y a la niña le estaban saliendo los dientes. La pobre Julia se quedó a solas con una desconocida que la está tratando de medir y que intenta contestar todas las preguntas en la hoja que le dieron antes de salir. ¿Qué otra cosa podía esperar? Solo eso.

Nos fuimos en el auto hasta el orfanato. Manejamos otros cuarenta y cinco minutos, pero cuando llegamos, era la hora de la siesta. Entramos en el cuarto donde dormía David... ¡y tienes que verlo en su cuna! Tenía los ojos abiertos. ¡Es un niño precioso! Y se acuesta en la cama al igual que mi marido, con los brazos hacia atrás.

El día que nos conocimos

Había unos veinte niños más o más en el cuarto. Todos acostados en cunas blancas. En ese momento, no se escuchaba siquiera un pequeño ruido. Ninguno llora porque sabe que no lo van a consolar.

El médico del orfanato nos llevó a su oficina con el trabajador social encargado del caso y nos dio toda la información que tenían sobre su madre, su entrega, etc. La gente en este orfanato es muy diferente a la del anterior. La gente de aquí se comporta más de manera «profesional». Tienen un enfoque diferente para el mismo trabajo.

Volvimos al hotel y había algo de comer allí... sí, ya se pueden imaginar cómo me sentía después de la experiencia... ¡muy cansada!

Continuará...

Carla

Rebeca:

Se me parte el corazón al escuchar acerca de tu primera reunión con tu hija. Gracias por la preparación para nosotros

El milagro de la adopción

los novatos. Necesito oír más y saber cómo va a terminar toda esta historia.

Carla

 *Nilda*

Rebeca:

Estoy muy emocionada y quiero escuchar más de tu historia. Es muy bueno que decidieras contar cómo lloraba la niña y cómo todas las cosas fueron tan diferentes a la imagen que tenías en tu mente. Todos tenemos distintos orígenes, ¡pero el final es el premio glorioso!

Nilda

El día que nos conocimos

Marta

Esto es genial, me encanta oírte hablar... Estoy muy emocionada y preparándome para cuando me toque el turno a mí.

Marta

Suz

Rebeca:

Miré de nuevo tu foto y creo que podrías haber necesitado un abrazo en esos momentos. ¡Espero que tu esposo te haya dado uno bien grande! ¡Ese día cambió la vida que tenías!

Suz

El milagro de la adopción

Kelly

Gracias por contar tu historia acerca de las visitas a los orfanatos. Disfruté de la lectura en tus mensajes anteriores. Al igual que los comentarios de otros, me consuelo al saber de tu historia. La primera reunión con tus hijos quizá no sea como un «libro de cuentos», pero igual todo se resolverá. Se trata de hacer ajustes que se acoplen para todos. Gracias de nuevo por contarnos esto.

Kelly

Un cambio en mis expectativas

¿Recuerdan dónde quedamos? Les dije de cómo me veía después de reunirnos con nuestros hijos. Bueno, yo no era la única que necesitaba un abrazo, como sugirió mi amiga Suz.

Esa noche, nos encontramos con nuestros amigos en Moscú, los cuales tuvieron también su primera reunión con su futura niña. Se suponía que nos reuniríamos en el vestíbulo a las siete de la noche y, de alguna manera, nos confundimos todos. Ellos nos estaban esperando en Moo-Moo, y cuando nosotros nos fuimos a Moo-Moo, ya se habían marchado. Sin embargo, al final nos encontramos en el vestíbulo del hotel y nos pusimos a conversar.

Todavía estaba preocupada debido a los gritos continuos de Julia. Mis amigos, también, estaban preocupados porque su niña no lloró en lo absoluto. ¿Puedes creer eso? Así que empezamos a hablar de nuestras preocupaciones y a darnos ánimos entre los unos a los otros... ¡fue genial y necesario! (¡Gracias, chicos!).

Es de gran aliciente tener a alguien con quien hablar y que la otra persona entienda en realidad la situación. ¡Es simplemente fantástico y un regalo del cielo! Creo que todos tenemos que orar a Dios para que nos traiga personas en el momento de nuestras adopciones que se puedan identificar y relacionarse con nosotros.

Dios nos proveyó dos parejas maravillosas que aún hoy están muy cerca de nuestro corazón. Además, Él también proporcionó algunas otras parejas que eran personas fantásticas para conversar a la hora del desayuno en el hotel y con las que teníamos conversaciones más rápidas, pero profundas de alguna manera.

Todavía recuerdo el momento en que, sentada con los esposos Rossos en el vestíbulo del hotel, uno de ellos estaba explicando un tema referente a la adopción del cual yo nunca había oído hablar y mi pregunta fue: «¿Qué dijiste que te preocupa para que pueda empezar a preocuparme?». Acabamos riéndonos de nosotros mismos.

Ese día empecé a hacer una de las decisiones más importantes de mi vida: «Tengo que hacer algo respecto a mis constantes preocupaciones. Necesito ser mejor para mis hijos. Quiero poder disfrutarlos y no deseo perder el milagro maravilloso del "hoy" debido a que me preocupo del "quizá" de mañana».

Así que empecé a buscar la sanidad más en serio. Creo que ya sabía todo lo que necesitaba saber acerca de la preocupación. Sabía también que tenía que tomar la decisión de no escuchar todas esas voces en mi mente que comienzan todas las conversaciones con un: ¿Qué va a pasar si quizá esto no resulta?

La realidad del momento

La emoción de ver las mejillas de Julia, su cabello original aún intacto y un poco largo, su inocencia, su pureza, su blancura, la piel como un durazno, su cuerpecito en mis brazos por primera vez, tratar de calmar su llanto y ver todas sus expresiones en su rostro... Cómo quisiera ser mejor poeta para expresar la sensación que embargaba mi corazón. No obstante, siempre hay un algo, un pero, algo por lo cual estar preocupada que daña todo momento perfecto. Para mí, fue el hecho de que tenía una tarea en

El día que nos conocimos

mi lista de visita que no cabía en la ternura del momento y que intentó estropear la experiencia.

Si Dios me dijera: «Rebeca, te permito vivir un día de tu vida otra vez», sé con exactitud qué día escogería. Sin duda, escogería volver a vivir el día que conocí a mis dos hijos.

Cuando Julia lloraba, yo trataba de medir la distancia entre su labio superior y su nariz para asegurarme que no tenía el síndrome de alcohol que hace que los niños actúen como alcohólicos aun cuando están sobrios. Y creo que Julia comenzó a responder a eso que vio en mí... a mi preocupación y a mi investigación. El historial médico decía que tal vez nunca caminaría, que estaba enferma de raquitismo debido a la mala nutrición y que por eso su frente estaba un poco hinchada. Sin embargo, yo solo quería ver sus mejillas y olvidarme de los «quizá». A pesar de eso, ella lloraba y hacía que los «quizá» en mi mente fueran más posibles.

Me dijeron que no tenía que aceptarla si no quería, pero yo solo quería saber una cosa: «¿Eres tú, Señor, el que me pidió que adoptara esta bella niña? ¿Es ella mi hija?». El hecho que me permitieran entrar al cuarto con todos los otros niños es inusual y un milagro. Ningún padre adoptivo tiene el derecho de ver a los niños de los orfanatos de Rusia porque a nadie se le da la oportunidad de «escoger» a uno de los niños que vea allí. El gobierno es el que escoge y tú, como padre, aceptas o rechazas al niño que te proponen.

Lo que estaba sucediendo era que ya las autoridades del lugar estaban trabajando para poder mostrarme a otra niña en el orfanato, debido a que veían mi preocupación y el llanto constante de Julia. Sin embargo, Dios me mostró al entrar a esa habitación llena de niños hermosos que Julia era mi hija por ordenanza divina: Una luz brilló sobre ella. Fue un momento divino. Así que allí mismo tomé esta decisión: «Todo lo que necesito saber en la vida es que si Dios está conmigo, y si Él está guiándome, no me voy a preocupar por el mañana». Sin duda, Dios me estaba sanando de la herida de la desconfianza.

¿Qué tal si Julia nunca llega a caminar? Entonces, hoy, mientras espero, la voy a disfrutar como bebé que gatea. Mañana... Dios me dará la gracia para el mañana. ¿Qué tal si David nunca llega a hablar? Tiene dos años y nunca ha dicho ni una sola palabra. A pesar de eso, no me voy a preocupar. Si Dios dice que este es mi hijo, estoy dispuesta a vivir lo que tenga que pasar a su lado, pero no me voy a preocupar por el mañana. Dios está dándome el maná de hoy y yo lo voy a saborear porque hoy es el único día que me lo puedo comer. Ya mañana estará podrido porque el maná solo vive hoy. El de hoy lo disfruto hoy con la certeza que la provisión de mañana será tan dulce como la de hoy.

Me doy cuenta que he comenzado a cambiar, pues he decidido que voy a ser una madre que confía en Dios. Esto es evidente para mí debido a que los «quizá» con los que vienen mis hijos son demasiado grandes, así que se los entrego a Dios: «Señor, confío en ti y te entrego mi maternidad desde hoy».

De esa manera, ¡sobrevivimos el jueves y llegó el viernes! Mi porción de maná del viernes fue visitar a David. Fuimos a visitarlo primero, ya que el jueves no tuvimos la oportunidad de estar con él debido a que dormía la siesta.

¡Lo admito! Mis dos hijos lloraron cuando se reunieron con nosotros por primera vez. Sí, él también lloró... y lo hizo como todo un varoncito, solo un poquito, pero lloró. Traté de cargarlo y él me golpeó en el pecho muy duro. Luego, se dejó caer en el suelo y solo esperó ver una puerta abierta para salir corriendo de la sala de reuniones a la sala de los niños. Debido a que la reunión no transcurrió según lo planeado, una vez más pudimos ver a nuestro hijo interactuar con los demás niños. ¡Me puse a llorar! Mi marido me agarró fuerte y me besó con suavidad. Sabíamos que David era nuestro hijo, pero toda esa situación no era fácil para él tampoco.

Fuimos a la habitación de los niños y, una vez que David se vio en su medio habitual, ¡fue fantástico! Nos tomaron fotos y él estaba muy interesado en nuestras dos cámaras... parece que le gustan los aparatos electrónicos como a otro hombre que conozco. También le gusta la música... ¡Su juguete favorito en la sala era un tambor!

Jugamos y nos reímos juntos por un tiempo..

# Rebeca

Bueno, el viernes tuvimos otro chofer en el automóvil y nos comentó que el orfanato de David es el mejor de Moscú, ¡pues es el único que dirige un hombre! ¡Así lo dijo! No me gustó para nada ese comentario. Quizá solo sea algo tonto. De todos modos, no sé qué querían decir con lo del «mejor orfanato». Los dos orfanatos que visitamos olían mal, a pintura llena de plomo, y los juguetes eran todos viejos y extraños. El local se veía pobre y sucio.

Lo más triste de todo fue ver cómo les dan comida a los niños de Rusia. Es como si estuvieran en una cárcel. Sirven la comida por cierto tiempo y después de eso les quitan el plato aunque no hayan terminado. Por esta razón, David se dejaba los cachetes llenos de comida porque no podía masticarlo todo en tan poco tiempo y le quitarían el plato en pocos minutos...

Entendí lo que Jesús dijo de tener hambre y sed de justicia por esos que tienen hambre y sed. Un niño hambriento. Un

El día que nos conocimos

niño sin hogar. Ciento cuarenta y tres millones en el mundo. Piénsalo. Yo tengo hambre y sed de justicia.

Así que llegó el momento para ir al orfanato de Julia. Como tenía a David cargado, se lo entregué a la trabajadora social. Mientras iba saliendo, me di vueltas para ver si estaba mirándome y, en efecto, tenía su mirada puesta en mí. Me atreví a tirarle un beso... ¡Él sonrió y me tiró un beso también! Esto aún me hace llorar cuando lo recuerdo. Después de largas horas de enamoramiento y lágrimas tratando de ganar su confianza, David, el que hoy es mi hijo, ¡me lanzó un beso de lejos!

Continuará...

La celebración del primer cumpleaños de Julia

¡Feliz cumpleaños para Julia de mami y papi! Después de haberla conocido el jueves, nos quedamos todo el fin de semana para celebrar con ella el domingo. ¡Qué bendición!

Fuimos al orfanato y le llevamos el vestido y el regalo que le trajimos de Milán. Julia parecía una princesa asiática con su vestido nuevo. En la reunión, solo estábamos nosotros

El milagro de la adopción

tres, más otra pareja de Italia que estaba visitando a su hijo adoptivo también. Le cantamos «cumpleaños feliz» a Julia y enseguida llegó la hora de marcharse. Le quitamos el vestido y su juguete y le dejamos el osito rosado de peluche con el que dormíamos todas las noches para que nos recordara. También dejé en el orfanato una cámara desechable para que le tomaran fotos a Julia mientras esperábamos a que nos llamaran para la cita de nuestro próximo viaje donde haríamos realidad la adopción.

Salimos de Rusia después de reunirnos con nuestros hijos sin saber cuándo volveríamos a vernos. Sin embargo, ahora sabía que no era mi trabajo preocuparme, sino que lo principal en este momento era seguir confiando en Dios.

Carla

Dios mío, ¡parece que tienen de verdad grandes recuerdos de su primer viaje! Me alegra también que hayan podido conocer a algunos padres adoptivos para vincularse con ellos. ¡Es tan bueno saber que otros están en el mismo lugar que uno durante la aventura de la adopción!

El día que nos conocimos

¡Me encanta leer tu historia! ¡Estoy a la espera de oír más! Ah, ¡y te queda hermoso ese sombrero!

Carla

Los Rossos

Hola, chicos:

Nos encanta leer su boletín, sobre todo cuando nos mencionan allí.

Hablando más en serio, nos sentimos agradecidos de haberlos conocido a los dos y esperamos con ansias el momento de reunirnos de nuevo con ustedes. Ambos han traído mucho consuelo y aliento en la época más hermosa. Nos reíamos diciendo: «¿Cómo se pueden sentir tantas emociones a la vez?». El segundo viaje está a punto de comenzar. ¿Pueden creer que gracias a Dios parece que vamos a estar al mismo tiempo que ustedes una vez más?

Los Rossos

? MITO: «Si dudo que sea mi hijo el día que lo conozca, es porque no es mi hijo».

! REALIDAD Creo que una persona madura entiende que las decisiones se toman desde la plataforma de la sabiduría y no de los sentimientos del momento. ¿Qué quiere decir todo esto? A muchos cristianos amigos les he oído decir: «Si tienes paz, es de Dios; pero si no tienes paz, no es de Dios». ¡Y estoy de acuerdo! Aun así, tener «paz en el corazón» no significa que no sientas temor o que no veas el peligro. Tengo un amigo que no hizo su especialización en la capital colombiana porque le tocaba subirse en un avión y le tenía miedo a los aviones. La explicación que me dio fue esta: «No sentía paz en mi corazón». A decir verdad, creo que su decisión la tomó basada en el temor y no en la convicción de que esta especialización era algo que deseaba tener o no.

Cuando mi esposo y yo nos íbamos a casar, recuerdo que yo me hacía preguntas acerca de nuestra relación. Todavía éramos novios y este era el momento de cuestionar mi decisión de casarme porque el matrimonio es un compromiso para toda la vida, no así el noviazgo. Me acuerdo que mi compañera de cuarto me dijo que no debia casarme, pues era obvio que no era el hombre que Dios tenía para mí si yo sentía dudas en el corazón. En ese preciso momento, Dios me trajo un pasaje de las Escrituras a mi mente:

> No comiences sin calcular el costo. Pues, ¿quién comenzaría a construir un edificio sin primero calcular el costo para ver si hay suficiente dinero para terminarlo? De no ser así, tal vez termines sólo los cimientos antes de quedarte sin dinero, y entonces todos se reirán de ti. Dirán: "¡Ahí está el que comenzó un edificio y no pudo terminarlo!".
>
> Lucas 14:28-30

Siendo estudiante de teología, sabía que Jesús aquí se refería a calcular el costo antes de seguirlo a Él. No obstante, en el proceso de explicar esto, Jesús nos dice también que si hacemos cualquier proyecto, como la construcción de un edificio, debemos sentarnos y calcular el costo. Así que, me senté y calculé el costo de casarme. Lo calculé de acuerdo con lo que podía ver, incluyendo las cosas que tal vez trajeran problemas más adelante, y decidí hacerlo. ¡Me casé con los ojos abiertos! En cuanto a mis hijos, los adopté también con los ojos abiertos.

Tener dudas en el corazón es una invitación a sentarse a calcular el costo. De esa manera, cuando lleguen los problemas, recordarás que tomaste una decisión y no lo dejaste al azar. Lo que es mejor, no tendrás remordimientos de que fue el miedo lo que reinó en tu decisión, en lugar de que lo hiciera la sabiduría.

El milagro de la adopción

Todo padre adoptivo va a sentir en el corazón una sensación que se asemeja a lo que llamamos «duda». Esto sucede debido a que la adopción es una decisión muy grande que es para toda la vida. En nuestra sociedad existe el divorcio y parte de lo triste del divorcio es que tal vez tu cónyuge no permanecerá como un miembro permanente de tu familia. Un hijo, en cambio, sí forma parte de la familia para siempre.

Creo que las respuestas sabias a nuestras encrucijadas no llegan de sopetón. Es más, pienso que tomar decisiones a la ligera es una necedad. La decisión de amar es toda una responsabilidad.

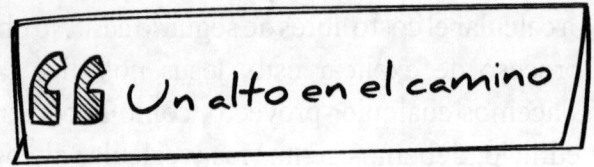
Un alto en el camino

Habían pasado cerca de cinco años desde la adopción de nuestros hijos y esa Navidad estábamos en casa de los abuelos, en Carolina del Norte. Despertamos un domingo 26 de diciembre con una capa de ocho centímetros de nieve cubriendo todo lo que quedó al descubierto la noche anterior. Esta fue una nueva oportunidad de mostrarles algo por primera vez a nuestros hijos.

Los primeros meses después de una adopción están llenos de primeras cosas. Aun para los padres adoptivos de niños mayores es emocionante hacer cosas juntos por primera vez. La nieve hacía que los árboles estuvieran todos blancos y verla caer es igualmente bellísimo, sobre todo un domingo después del día de Navidad. Como en cada oportunidad de las cosas primeras, tomé fotos, abracé a mis hijos y comentamos nuestras impresiones sobre este nuevo elemento en nuestra relación: la nieve.

Sentada junto a la ventana de la cocina con Julia en las piernas, de alguna manera la nieve había hecho que la niña recordara el orfanato en Rusia. A decir verdad, no sé si fue a mí o a ella, pero de alguna manera me pidió que le contara sobre el día que nos conocimos.

Allí, frente a la ventana llena de nieve, Julia se enfocó en otro aspecto de su salida del orfanato y me preguntó:

- ¿Por qué el orfanato se quedó con el osito rosado que me regalaste el día que te conocí?
- Porque ellos querían tenerlo de recuerdo —le dije.
- Pero mami, David tiene los dos ositos y yo solo tengo uno.

A David, el orfanato le dejó sacar el osito azul que le regalé el día que nos conocimos y, por lo tanto, tiene los dos ositos hasta el día de hoy. Julia se siente en desventaja frente a su hermano al solo tener un osito y no poder ir a Rusia a buscar el suyo. Su desesperación es estar en paz y a salvo con su mundo perfecto. Por eso, le contesté:

El milagro de la adopción

- Julia, tú tienes una mami y un papi y los niños del orfanato que se quedaron con tu osito no tienen mami y papi.

Ella no tuvo que pensarlo mucho y colocó la responsabilidad de que haya tantos niños en los orfanatos en las manos de los que conocen a Dios. Es como si me dijera: «Esos niños son huérfanos porque no estamos haciendo lo que tenemos la responsabilidad de hacer». Así que concluyó, casi en forma de pregunta, lo que considera que es la respuesta para todos los demás niños que se quedaron:

- Mami, ¿por qué la gente no ora más? Dios es poderoso.

¡Qué bueno que mi hija sabe que Dios es todopoderoso porque conoce al Dios que es el Padre de adopción!

8
El estrés de la gran espera

La entrevista con el juez

Entre el primer y el segundo viaje... Tuvimos que enfrentar la tensión de la espera más difícil, donde un juez nos daría la cita para después decidir si nos iba a conceder o no el derecho de paternidad sobre nuestros hijos. Mientras tanto, íbamos a tener una fiesta de recién nacido. Mi hermana, Raquel, nos planeaba la fiesta de adopción ese fin de semana. ¡Estoy muy agradecida con mi hermana Raque!

Mi buena amiga del trabajo me preguntó hoy al mediodía si había alguna posibilidad de que se viniera al piso el proceso de adopción. Sé lo que estaba tratando de decir, pues se preocupaba por mí, sobre todo porque me ha visto llorar antes.

Ya ves, trabajando como ingeniera de sistemas en el campo de la tecnología de la información, nos acostumbramos a que siempre hay que pensar en todos los escenarios posibles y estar preparados para cada uno de ellos... ¡por si acaso! Así que le respondí a mi amiga, quien también era mi jefa: «Si tuviera que escribir los casos de prueba para este "proyecto", tendría que tener algunos escenarios que se ocuparían de la posibilidad de que el juez diga que "no"».

Por ser una persona de tecnología, he aprendido de la sensatez de ser cautelosos en todo. Así que en este caso lo más prudente hubiera sido pedirle a mi hermana que hiciéramos la fiesta al regresar de Rusia, cuando el proyecto estuviera terminado y tuviera éxito...

Sin embargo, aunque existiera la posibilidad de no lograr completar alguna de las dos adopciones, en ese momento opté por no preocuparme y decidí recibir la invitación para realizarles una fiesta a mis futuros hijos. De esta manera lo expresé en mi boletín electrónico de adopción:

El estrés de la gran espera

Rebeca

La infertilidad me enseñó una gran lección: ¡No tengo el control! Es un dolor difícil de atravesar, pero siento que tengo este gran regalo hoy de saber a ciencia cierta, y sin dudas de ninguna clase, que yo no tengo el control. Sé que algunas personas piensan que quedaron embarazadas debido a que se relajaron, no tomaron tanto café como yo, tal vez hicieran una mejor investigación, fueron más valientes para atreverse a hacer tratamientos más invasivos, etc., etc., etc. La verdad es que ellas tampoco tienen el control.

Entonces, ¿por qué considero un regalo real para mi vida el simple hecho de darme cuenta de que no tengo el control? Porque el absorber esta realidad me lleva más cerca de la conclusión de que Dios es quien tiene el control.

Dios tiene el control y, por lo tanto, puedes confiar en Él porque Él es bueno. En el momento que una persona entiende que Dios tiene el control sobre su vida, ¡entonces cambia todo! Cada uno de los escenarios posibles se debe encaminar por fin al lugar que Él lo quiere en realidad.

Así que estoy orando por el mejor resultado y sé que muchos de ustedes están orando también, por lo que estamos muy agradecidos. A decir verdad, no sé lo que nos deparará el futuro... ¡pero sabemos quién tiene el futuro en sus manos! Además, tengo esperanza... La esperanza en el corazón es otro precioso regalo de Dios. Esperar es anticipar. Sin embargo, es mucho más que soñar. La esperanza es poseer dentro de nosotros la expectativa de que algún día se cumplirá ese deseo, ese sueño. La esperanza es la certeza de que ese deseo se convertirá en una realidad.

Quiero siempre mirar hacia el futuro de puntillas, esperando ver a Dios actuar. De modo que puedo vivir feliz sabiendo que a la vuelta de la esquina está el futuro que tanto he esperado. Esta esperanza es la que me mantiene en marcha. La esperanza es la que nos ayuda a soportar la espera cuando el corazón está lleno de expectativas por un futuro mejor. Por lo tanto, he decidido que voy a celebrar este fin de semana junto con mi familia y amigos. Voy a disfrutar el don de la comunión fraternal con la esperanza de que David y Julia serán pronto nuestros hijos.

> «Te doy las gracias Señor por el dolor de la infertilidad, ya que es duro y fuerte, pero me ha llevado más cerca de ti. El dolor me ha enseñado que tú tienes el control, y me ha mantenido en este humilde lugar de necesitar de ti y de tu provisión. En realidad, no quiero dejar ese lugar, porque tú eres mi mayor tesoro».

La celebración

En una situación desesperante, David escribe desde una cueva estas palabras a Dios, las cuales encontramos en el Salmo 57:7: «Mi corazón está confiado en ti, oh Dios; mi corazón tiene confianza. ¡Con razón puedo cantar tus alabanzas!».

En el versículo 10, creo que el salmista nos dice por qué tiene su confianza en Dios: «Pues tu amor inagotable es tan alto como los cielos; tu fidelidad llega hasta las nubes».

Cuando escribí acerca del control, la esperanza y la infertilidad, recibí unos diez comentarios al respecto. Muchas personas se identifican con el mensaje.

Laura

Gracias por expresarnos tus sentimientos. Espero que te diviertas este fin de semana. La adopción de mi hija comenzó también en la ruta de la infertilidad.

Este Día de las Madres estuve escribiendo un artículo sobre cómo hasta las águilas tienen que esperar también en el Señor. Por la forma en que escribes, puedo ver que tienes una fe fuerte en Dios y es probable que te encante leer sobre las águilas.

Laura

María

Este proceso nos ayuda en verdad a ser humildes, pues nosotros no tenemos el control. Gracias por indicarnos que podemos acercarnos a Dios con nuestra impotencia y solo depender de Él.

Mi oración es para que todo salga bien con tu proceso.

Tienes toda la razón, Rebeca, me alegro de que estés en el lugar adecuado y con la paz de saber que Él tiene el control.

María

Tan increíble como parezca, en el momento de hacer la fiesta para mis hijos recibí este comentario de Sue, una amiga de mi boletín:

El estrés de la gran espera

Sue

¡Qué bueno que te van a hacer una fiesta! ¿Tu día en el tribunal será el 30 de mayo? ¿Cómo sucedió eso tan rápido? Tengo que confesarte que estoy muy celosa.

Sue

Para darte una idea del poco control que tenemos en la adopción, te diré que mi amiga Sue comenzó su boletín con la crónica de lo que le tomó tres años y medio hacia la adopción. Comenzaron esta adopción creyendo que su hijo estaba en Rusia. Viajaron a Rusia y conoció a una niña de trece meses que se llama «V». Esperaron dieciocho meses para una cita en el tribunal para regresar en su segundo viaje para adoptarla.

Sin embargo, después le notificaron que una familia rusa la adoptó mientras ellos esperaban. A pesar de la espera tan larga y dolorosa, un año después Sue y su esposo se sorprendieron muchísimo cuando recibieron una llamada de que un bebé estaba a punto de nacer en el hospital que está a dos kilómetros de su casa. Así que ella pudo estar en la sala de parto cuando nació el niño un 29 de julio de 2008.

Este es un final maravilloso para Sue y lo escribo aquí porque creo que le trae esperanza a quienes la espera les ha sido eterna. Vale la pena esperar a que llegue tu hijo. Tal vez, al igual que le sucedió a Sue cuando ya estaba lista para adoptar, ¡tu hijo aún no haya nacido!

Otra amiga me sorprendió con este mensaje: «No sé cómo la gente que no tiene fe en Dios puede atravesar la adopción internacional sin perder la cabeza. Que Dios les continúe ayudando y alentando en su viaje».

Detalles acerca de mi fiesta

Tanto Lola, mi perrita, como mi sobrina, Nana, disfrutaron dentro de la tina europea que me regaló mi hermana Debbie. Luego, ¡mi sobrina Gabriela la utilizó para bañase en su casa y le dio el visto bueno!

¡Estamos muy emocionados! Esto no es como cualquier otra experiencia que haya experimentado antes. ¡Viajaremos el domingo! Las compras me han ayudado a mantener mi mente ocupada. En la lista de compras se incluyen regalos para dos orfanatos, dos hijos, dos directores y médicos. Me encanta comprar regalos, así que me estoy divirtiendo un poco.

El estrés de la gran espera

Debido a que recibimos tantos regalos de lo mismo en nuestra fiesta, pudimos ir a cambiar a la tienda y tenemos el cuarto de los niños casi listo. Gracias a mi hermana, su esposo y su pequeña Gabriela, la cual se comporta tan bien, y les permitió hacer un poco de planificación para la fiesta.

En esos momentos, estaba muy agradecida por todos por los mensajes en mi boletín... Siento que tengo muchos buenos amigos por ahí... que los necesito a todos en realidad.

También esta aventura de la adopción ha sacado a relucir mi creatividad y, por lo tanto, para la fiesta de los niños hice mi primer intento con un álbum de recortes.

Nuestros buenos amigos de Sarasota manejaron hasta aquí, en Miami, para estar con nosotros. Gracias Doug, Vivian, Carolee y Jordan.

La fiesta era más bien informal. La gente podía venir cuando podía y, así como sucede a menudo con las personas que visitan nuestra casa, se quedaron hasta tarde. Mi esposo hacía pasta fresca cada vez que llegaba un grupo de personas... Toda la comida le quedó como siempre: ¡Deliciosa! No teníamos juegos de bebé, excepto que llenamos un cuestionario sobre nuestros hijos. También había hombres y niños en nuestra fiesta, por lo que no fue una fiesta del tipo tradicional. Fue bueno tener a toda la familia y los amigos en nuestra casa justo antes de viajar.

Y eso es precisamente lo que más se necesita cuando se está en el proceso de adoptar: Una familia y unos amigos que les apoyen en oración, con regalos para su nuevo hijo y con ánimo y esperanza para su sueño de ser padres.

Comienzo del segundo viaje... la aventura se intensifica

Viajamos lejos y nos encontramos con rostros y voces conocidas en lugares que menos lo esperamos.

Estábamos a punto de perder nuestra conexión en Frankfurt para ir a Moscú. Corrimos como locos de una terminal a otra. ¡Fue increíble que mientras corría me encontrara con un compañero de trabajo en su camino a la India!

Al final, lo logramos, aunque fuimos los últimos en entrar en el avión. Sin embargo, ¡nuestras maletas no llegaron!

Llegamos a Moscú y nos encontramos de nuevo en el control de pasaportes. La última vez estuvimos más de dos horas esperando en la cola. Esta vez solo había dos personas delante de nosotros... ¡genial!

¡Qué agradable fue salir del aeropuerto y ver allí a Vlad esperando por nosotros! Era finales de mayo y debería haber una temperatura agradable, pero no, hacía un frío terrible y estaba lloviendo. Por lo tanto, esperamos que Vlad trajera el auto y, mientras esperábamos, vimos pasar una pareja de italianos que conocimos en nuestro primer

El estrés de la gran espera

viaje de adopción del mismo orfanato que Julia y las únicas personas que estuvieron con nosotros en su cumpleaños el 1 de mayo. Ellos no nos vieron, pero nosotros los vimos que corrían con sus hijos hacia el aeropuerto. Así que corrimos tras ellos para decirles «hola» y «adiós». Qué hermoso poder encontrarnos y ver cumplido en ellos el sueño de ser padres adoptivos. Luego, corrimos hacia el auto de Vlad en la lluvia...

Rebeca

Llegamos a nuestro hotel en Moscú, y cuando nos sentamos a tomar un capuchino, en la radio estaba sonando «Tengo la camisa negra», de Juanes (cantante colombiano). El mundo es muy pequeño en estos días.

Gracias por sus oraciones, gracias Flamingo Road, nuestra iglesia, por sus oraciones y comentarios en nuestro boletín. No sé cómo decir esto sin que parezca un cliché, pero todo lo que necesitamos en realidad y lo que más nos hace falta en este momento es la oración. ¡Muchas gracias!

Tenemos un retraso en uno de nuestros papeles. Además, nuestros niños parecen muy ansiosos cuando están a solas con nosotros. No me siento muy bien desde el punto de vista de las emociones. Tal vez se deba a la diferencia de hora. Aunque

El milagro de la adopción

> vimos rostros conocidos y escuchamos voces amigas, todavía uno se siente como extraños en un mundo diferente.
>
> Nuestros amigos de adopción llegan hoy de Arizona para realizar su segundo viaje de aventura al mismo tiempo que nosotros: ¡Es una bendición para nosotros dos!

«¡Buena suerte con el procedimiento judicial!», me dijeron algunos amigos y esto me parecía muy formal y peligroso. Tal vez se debiera a las inseguridades que me venían de adentro. Entonces recibí un correo electrónico de nuestros amigos y padres adoptivos Vicki y Craig. Ellos también son padres en proceso de adopción, pero están más adelantados que nosotros.

¡Dios es tan bueno! Nos ha enviado personas que se han convertido en buenos amigos. Los Rusoss están en el mismo momento de adopción que nosotros y los pastores Vicki y Craig están ya con la adopción finalizada, pero están en Rusia en su último viaje haciendo los papeles de inmigración. Esto es lo que Vicki me escribió basada en su experiencia:

El estrés de la gran espera

  Vicky y Craig

Siento mucho que las cosas se hayan retrasado, pero yo no me preocuparía debido a que los niños estén ansiosos cuando se encuentren cerca de ti. Lo único que saben es la vida que han tenido hasta ahora, ¡y tienen la sensación de que las cosas están cambiando! Como te dije cuando te conocí en Moscú en abril, un bebé o un niño que llora es una buena señal en cuanto a problemas de apego más tarde en el camino. Es probable que esto signifique que han logrado hacer lazos con un médico, lo cual es bueno, por lo que hace probable el vínculo con ustedes cuando estén fuera del orfanato.

La audiencia con el juez me trae a la mente de manera muy vívida nuestro reciente viaje con los mismos fines. Un poco de descanso, y visitarlos de nuevo mañana, tal vez cambie tu situación y todo será para mejor. ¡Estamos orando por ti! Soporta un poco más.

Susannah Kate es una bendición... tuvimos el mejor tiempo en una tienda de abarrotes esta noche, lejos de su hermano mayor y su papá. Nunca me he arrepentido de pasar por lo que estás pasando tú en estos momentos. Además, estoy segura de que el Señor va a ser suficiente para satisfacer todas tus necesidades. ¡Mucho amor y oraciones!

Vicki y Craig

Por supuesto, nuestros familiares y amigos también se preocupaban y se sentían con las manos atadas ante nuestras circunstancias difíciles.

  Los Abuelos

Estamos muy contentos de que ya podemos empezar a pensar en nuestros nietos. Me pongo a llorar cada vez que digo esa palabra. Alguien se detuvo en mi oficina y me preguntó si estaba bien. ¡Ah, bueno!

Estamos orando por todos ustedes. No solo en la mañana, sino a mediodía y en la noche, todo el día.

Te amamos y nos duele saber que tienen que pasar por todas estas cosas no deseadas. Sin embargo, al final todo valdrá la pena. A estos dos preciosos se les dará una vida mucho mejor con ustedes como padres que la que llevan sin ti... ¡y sin nosotros, por supuesto!

¡Cómo anhelo el momento que podamos estar todos juntos con ustedes y su familia!

Con amor,

Los abuelos.

Abuela de Elia

Les escribo con la esperanza de que pasen un emocionante y espectacular fin de semana. Me encantó leer el comentario de tu papá que dejó aquí. Soy una abuela escribiendo esta aventura de mi hija y he disfrutado de la adopción de nuestra pequeña Elia. No importa la edad que tengan nuestros hijos, es difícil verlos pasar por momentos difíciles que uno como padre no puede arreglar en su lugar. Sin duda, es una experiencia maravillosa para los padres, aunque el abuelo y la abuela se emocionan también cuando puedes tener a ese niño o niña en tus brazos en el momento que termine el viaje.

> Elia ya llegó de Rusia y ya hace algún tiempo que está en el hogar de mi hija. En un par de semanas voy a ir a visitarla y a celebrar su primer cumpleaños. Estoy muy emocionada.
> Besos,
> La abuela de Elia

Todo se aclaró ayer

Lo primero que pensé cuando la situación de los papeles se aclaró fue: «¡Muchas gracias por todas las oraciones!». Este proceso de adopción se «da a luz» con mucha oración y con un grupo grande de intercesores.

Fuimos a los tribunales el martes y el juez no hizo nada oficial por falta de papeles. Esa ha sido la experiencia más insatisfactoria en todo este proceso. Nos dijo que teníamos que esperar a que llegara un papel. No podíamos entender lo que quería decir todo esto, pero lo dejé en las manos de Dios a través de la oración y solo seguimos todas las instrucciones que el orientador nos dijo que hiciéramos.

Algo que nos llenó de esperanza fue ver que los directores de los orfanatos estaban presentes en el tribunal, a fin de dar su testimonio. En particular, la cara de la directora del orfanato de Julia irradiaba felicidad.

El estrés de la gran espera

Quería hablar con nosotros y su rostro mostraba deseos amigables y sentimientos de admiración hacia nosotros. Sabía que era un milagro que una familia viajara de tan lejos para adoptar a una niña de origen asiático en Rusia.

Un día, más tarde, recibimos la confirmación de que todos los papeles estaban en orden. Sin embargo, lo más importante fue lo que sucedió dentro de ese tribunal. El juez me llamó para hacerme preguntas acerca de mi deseo de adoptar y el traductor estaba a mi lado. Luego, pasaron a la directora del orfanato y le hicieron preguntas difíciles. Una de ellas fue: «¿Por qué estamos entregándole una niña rusa de un año a una pareja estadounidense? Las niñas pequeñas todavía tienen la posibilidad de que las adopten una familia rusa». La directora contestó: «Sí, es una niña rusa, pero de una raza indeseable». Esta respuesta fue suficiente para el juez, pues logró entender de inmediato y no pregunto más. Nos quedamos perplejos ante la realidad de esta sociedad y los prejuicios «aceptables» en ella. Julia es más que deseada en nuestro hogar, es amada. Por eso su nombre es Julia Amanda, que quiere decir «amada».

Los papeles de David contaban otra historia, pero una historia triste por igual. Es como si el juez dijera: «¡Sí, ya entiendo!». Los abandonaron por una razón lógica y real, pero eso fue lo que le pedí al Señor cuando le oré: «Quiero un niño varón de dos años que nadie quiera». Y ese niño llegó a ser mi David, mi príncipe David. El juez juzgó

El milagro de la adopción

favorable en ambas adopciones sin fruncir siquiera una vez el entrecejo.

Al tiempo que ocurría esto, nosotros mirábamos el proceso como un montón de papeles y requisitos que alcanzar, pues si nos deteníamos mucho en lo que estaba de por medio, no habría manera de sobrevivirlo. Nosotros le entregamos estos niños a Dios en sus manos y sabíamos por experiencia propia que el juez podía enredarnos las cosas o simplemente decir «no»... y hasta allí quedaba todo. Sin embargo, Dios es el que tiene el control de nuestras vidas. El mismo Dios que me parecía inmóvil para sanarme de la infertilidad, orquestó el proceso de la adopción de mis dos hijos el mismo día sin ningún tipo de problemas.

Para que entiendan el milagro, quisiera decirte que la adopción de un niño ruso por un ciudadano de Rusia puede tomar hasta dos años. Igual o peor nos puede suceder a nosotros como extranjeros. Esto se debe a que una adopción implica un proceso de evaluación de idoneidad y juicio. A pesar de todas las jornadas de papeleos y búsqueda, se dice que un diez por ciento de las adopciones en proceso casi a su fin, no pasan de la etapa posterior a la adopción y a los niños los devuelven a los orfanatos. Los rusos también adoptan a sus propios huérfanos, pero las estadísticas muestran una disminución en el número de las mismas. Además, como fue evidente por la pregunta que el juez me hizo con respecto a Julia, los rusos las prefieren niñas.

El estrés de la gran espera

En el año 2005, los rusos adoptaron alrededor de mil de sus huérfanos.

Rebeca

Ayer tuvimos la confirmación de que nuestros papeles están todos en orden y el juez se mostró favorable. Esto significa que el proceso no se demorará y que es probable que sea según lo previsto. Tenemos un período de espera de diez días para los dos niños, los cuales pasaremos en Barcelona con nuestros grandes amigos adoptivos. Regresaremos aquí el día 12 para hacer el resto de los trámites.

Una adopción o dos adopciones no se hacen solas. Se necesita toda una comunidad detrás de esa pareja que desea adoptar. De ahí que solo el diez por ciento de las parejas que consideran adoptar logre terminar la adopción. Debido a que no podemos hacer esto solos, quiero aprovechar para darles las gracias a todas las personas que oraron y también a animarte a que te comprometas a orar cuando escuches de una familia que va a adoptar.

El milagro de la adopción

Un agradecimiento especial a los abuelos y a todos en su departamento de la Asociación Billy Graham por sus oraciones. Gracias a mami por sus oraciones y por cuidar de nuestra casa y nuestra perrita Lola. Gracias a todos nuestros amigos que están orando en la iglesia por un buen regreso a casa.

¿Qué le pide el diablo a la gente cuando quiere hacer pacto con él? Lo que he escuchado de mis amigos que han estado en ese mundo oscuro es que el diablo les pide su primer hijo para matarlo. Este es su ataque en ofensiva. ¿Sabes cuál es su ataque de defensiva? Mantener a los huérfanos separados de Dios y de un futuro nuevo con una familia que le muestre el camino de la redención y el amor sanador de Él.

Rebeca

Nos hemos enterado que a David le aterrorizan los automóviles. En realidad, le aterroriza cualquier ruido. Hoy nos tocó llevarlo a sacarse la foto del pasaporte. Demoramos unos diez minutos en auto, pero David casi se muere de un ataque de ansiedad. ¡Vamos a ver cómo nos va a ir a todos en un avión durante dieciséis horas de viaje cuando lo llevemos a casa!

Y para los que estaban orando, ¡nuestras maletas ya llegaron a Rusia!

Carla

¡Increíble! ¡Felicitaciones! Sé que debe ser un enorme alivio saber que por fin los niños son tuyos. ¡Que la pasen súper bien en Barcelona! Nosotros esperamos que envíes más noticias.

Carla

Me acerqué a David el viernes

¡Todo este trajín y todavía no son nuestros hijos! Ahora tenemos que esperar diez días para darle una oportunidad a un pariente de sangre que los pida en adopción. Aquí he visto la terminación de muchas adopciones. Nosotros decidimos salir de Rusia a esperar los diez días.

El milagro de la adopción

Si regresábamos a Estados Unidos, sería más caro pagar pasajes de nuevo y el cambio de horario es terrible en el cuerpo y las emociones. Quedarnos en Rusia también era una opción, pero en Rusia todo es muy caro... los hoteles, la comida, el transporte.

Antes de ir a Barcelona para esperar los diez días, visitamos a nuestros hijos una vez más. David sabe que estamos aquí para llevarlo a casa. Los otros niños del orfanato nos dicen «Mamá... David».

Todos se emocionan cuando nos ven y quieren expresar con palabras que saben que yo soy la mamá que viene a buscar a David. Las niñas, sobre todo, saben lo que está sucediendo. El único que parece querer obviarlo es David, solo llora cuando nos ve llegar al orfanato. Cuando nos ve, sonríe con gran alegría y entonces parece como si recordara el viaje que hicimos en el automóvil a buscar los pasaportes, así que se pone a llorar... Luego, le preguntamos a su médico si David tenía una comida favorita.

—¡Él se lo come todo! —nos contestó.

—¿Qué tal las bananas? ¿Le gustan? —le pregunté.

—Ah, sí —me dijo—, las bananas, las manzanas, todo.

Enseguida, llevamos a David al patio del orfanato y allí dejó de llorar. Fuera del orfanato parecía que le tenía miedo a los pájaros. Con cuidado, trabajé el asunto hasta que me dejó que lo cargara. David cumple dos años este mes, pero su peso y estatura es la de un niño de seis meses.

El estrés de la gran espera

Se ve muy pequeñito y es interesante ver a este pequeño niño correr.

Me senté en los escalones de la entrada del orfanato y lo senté en mi regazo, mientras él se aferraba a mi corazón y se enfrentaba a sus temores. Esta fue nuestra cita celestial como mi amigo Ademar Arau escribe en su canción «Cita celestial».

El día que le miré a sus ojitos la primera vez, parecía una cita celestial. Ahora, con lo frágil que lo convertía su temor de estar solo en el patio del orfanato, se aferraba a mí y ocultaba su carita en mi pecho, a la vez que agarraba con fuerza el osito que le regalamos con nuestros olores y un Elmo para que jugara. Entonces, agarró su libro de Elmo por un lado y su oso de peluche azul y blanco por el otro, mientras yo me balanceaba de un lado a otro, en dirección contraria a lo que él estaba acostumbrado hacer por sí solo. Lo había visto llorar y tratar de calmarse solo balanceándose de atrás hacia delante hasta dormir.

Dios me dio una nueva canción que le canté mientras lo arrullaba por primera vez. Surgió dentro de mí del mismo modo que María lo hizo sobrecogida por el amor de Dios. Fue una actitud libre y natural de agradecimiento a Dios por este niño que me entregaba para que lo amara y lo criara. Esta sigue siendo su posición favorita aun a los casi siete años cuando lo mezo para que se duerma y, también, su canción preferida sigue siento esta:

¿Quién es este niño
De ojos tan tiernos?
¿Quién es este niño
Que me dio el Señor?

Su nombre es:
David my love
Si le dan una banana,
Se la come en un sentar.
Saborea una manzana,
Se la come y pide más.

En el camino al tercer orfanato, o sea, el de Julia, escuché que en la estación de radio de jazz sonaba una canción tipo samba/rock que decía: «Mezclo la palabra chicle con bananas y Miami con Copacabana». El nombre de la canción es «Confusión». Y en la adopción hay una gran cantidad de etapas de confusión y aquí es cuando, como María lo hizo, todos necesitamos encontrar una Elisabet para contarle lo que nos sucede mientras esperamos la gran cosa que Dios está haciendo en la vida. Nuestros amigos Rossos fueron nuestras Elisabet, pues se encontraban en los mismos pasos del proceso y podían relacionarse muy bien con nuestro sueño de ser padres de David y Julia. Con ellos disfrutamos los comienzos de esta historia en la que Dios estaba haciendo algo grande en todos nosotros.

El estrés de la gran espera

Rebeca

El jueves, cuando me senté junto a David para almorzar, me dio dos besos... ¡Solo quería escribirles para decirles esto! Además, ayer, en nuestra visita al orfanato, una de las niñas me dio un pequeño regalo: Vino caminando hacia mí con flores que recogió del suelo. David se quedó un poco desconcertado... así que una vez que se sentó en la hierba, buscó y buscó hasta que encontró la mayor rama de todas y corrió hacia mí y me la entregó... ¡esto fue para mí la más dulce experiencia!

¡Estoy enamorada!

El día que David me regaló aquella rama, me sentí como si llegara el príncipe azul, me trajera un anillo y se colocara de rodillas mientras me decía: «¿Quieres ser mi esposa?». Eso es lo bello del amor. El amor escoge al objeto de su devoción.

El milagro de la adopción

He escuchado a mujeres, cuyos pensamientos son de índole feminista, decir que les molesta la idea del príncipe azul de los cuentos de hadas, porque subraya la idea de la enorme gratitud que se nos impone, o que se debe tener, a la mujer cuando el príncipe le entrega el anillo o le pone la zapatilla. Algunas no logran entenderlo. Es como que la moraleja de estas historias fuera para ellas: el individuo elegido es el inferior. Sin embargo, ¡qué hermoso es cuando un niño huérfano te escoge a ti! Aquella niña que me dio las flores nunca la voy a olvidar. Era una niña de origen asiático de unos tres años que me dijo sin palabras: «Yo te escogería como mi madre, acepta esta flor».

Quiero repetir la idea: ¡Qué hermoso es cuando te escoge un niño huérfano! Nunca voy a olvidar que David ya me escogió, porque ese día me dijo también sin palabras: «Si ella te regala una flor, yo te regalo toda una rama, porque tú eres mi mamá».

Esto es lo que mis amigos me escribieron después de contarles mi experiencia con David:

 Marisol

Muchas bendiciones para tus bebés y tu familia completa.

El estrés de la gran espera

Que pasen esos diez días rápidos para que nos envíes por correo los retratos de los «bebos», como decimos en Puerto Rico.

Marisol

Abuela Elia

¡Qué magnífico correo! ¡Precioso! Tú y tu hijo varón se van a llevar muy bien. Me alegro que los asuntos judiciales por fin marcharan bien. A mi pequeña Elia también le enloquecen las bananas.

El Señor te bendiga y que tengas un maravilloso fin de semana.

La abuela de Elia

El milagro de la adopción

Carolina

Ah, vaya, tú estás disfrutado todo esto! Estoy muy feliz por ustedes. Estoy muy contenta de que las cosas se hayan resuelto por fin con lo de la sentencia del juez. ¿Michael fue tu orientador? ¿Vlad ha estado cuidando de ti? Por supuesto, espero que las cosas continúen trabajando a tu favor. Tengo que decir que extraño Moscú. Espero que llegues a disfrutar de Barcelona. Quiero que me cuentes todo lo de tu viaje a Barcelona. Me encanta leer sobre tu viaje...

Carolina

Vicky y Craig

Así que las bananas son los que hacen el truco, ¿eh? También está en saberse unas buenas canciones de cuna.

El estrés de la gran espera

En serio, Rebeca, me alegra saber que ustedes están empezando a unir lazos de amor.

Estamos orando por la próxima semana. (Hoy es 10 de junio). Estábamos fuera de la ciudad un par de días pasando el fin de semana, por lo que no logré leer a tiempo tus dos últimos anuncios hasta que ya te habías ido a España. ¡Estamos tan aliviados al oír que todo salió bien! Espero que estés descansando ahora, porque estás a punto de embarcarte en el viaje más increíble que nunca haz tenido. No puedo esperar el día que pueda oír de las aventuras con tu nueva familia. Por favor, mantennos al tanto de todo esta semana... ¡Ya estás en la recta final!

Con amor,

Vicki y Craig

«¿Será que me llegarán a amar como padre?».

Cuando pensamos en adoptar, es natural preguntarnos dos cosas sobre el amor. Primero, ¿podré amar a mis hijos adoptivos? Y, en segundo lugar, ¿será que me amarán y me aceptarán como padre?

Hemos declarado que necesitaremos del amor de Dios para amar a nuestros hijos adoptados, pues el amor humano no es suficiente. Existen dos propiedades del amor de Dios que necesitaremos entender para alejar el temor de vernos un día rechazados por nuestros propios hijos.

1. *El amor de Dios es profundamente sacrificial.* Su amor es profundo, sacrificial e inmerecido por completo. Dios amó al mundo, no solo a los que son fáciles de amar, no solo a la iglesia, no solo a mí... La respuesta a esta segunda pregunta sobre el amor es abrazar su amor y el miedo tendrá que salir. El temor se echará fuera de tu corazón y te hará libre para amar como ama Dios.

2. *El amor de Dios nos da la libertad de que lo rechacemos.* El amor de Dios te permitirá rechazarle porque su amor no nos obliga ni se basa en nuestra aceptación. Si decidimos amar con el amor de Dios, será imperativo aceptar que amaremos a nuestros hijos adoptivos aun cuando ellos decidan rechazarnos. Esta es una de las conclusiones a las que hay que llegar temprano en nuestro proceso de adopción, ya que nos ayudará a evitar que cometamos errores y dejar de disciplinar a nuestros hijos con tal de «ganar» su amor.

El estrés de la gran espera

La pareja ministerial que lidera nuestro centro en Brasil nos visitó en nuestra casa de Miami después de seis meses de haber adoptado a nuestros hijos. Se quedaron en nuestra casa por más de dos semanas mientras preparábamos las estrategias para la continuación del centro «Matrimonios Saludables» en Curitiba. En esa ocasión, ella me dijo el piropo más importante que he recibido como madre adoptiva. Me dijo: «Admiro mucho que tú hayas tenido el coraje de tomar tu papel de madre y no le temas a disciplinar a tus hijos».

Amy Carmichael, hablando del amor de Dios, dijo: «Si temo decir la verdad por miedo a perder el cariño de alguien, o porque podría creer que no entiendo y que estoy equivocada, o porque puede estropear mi reputación de persona amable; si mi buen nombre está antes que el máximo bienestar del otro, no conozco nada del amor del Calvario». Como madre adoptiva he decidido amar a mis hijos con el amor de Dios y, por lo tanto, mi propósito no es ganarme su amor aunque lo deseo y anhelo. Si rechazan mi amor, ¿qué haría? ¿Los dejaría? ¿Tomaría a otros? ¿Los abandonaría? ¿Qué hace Dios todos los días? Él regresa a nosotros con amor. Su amor no está basado en nuestra aceptación, pues amor es lo que es Dios y Él nunca deja de ser.

Nuestra esperanza de madres y padres adoptivos es que el amor de Dios, aparte de ser sacrificial, es también muy eficaz. Resultó conmigo. Su amor me cautivó y hoy yo le amo a Él. Además, he visto el resultado del amor de Dios en la vida de mis hijos. Ellos han saboreado el amor de Dios a una edad bien temprana y el amor de Dios los ha cambiado.

¿Podrán amarme mis hijos? Espero en el Señor que así sea, que cuando crezcan y entiendan mejor lo que han sido sus vidas, decidan amarme. Yo no puedo controlar sus decisiones, así que espero en Dios confiadamente.

Sin embargo, no espero de manera pasiva, pues yo oro. Cada día oro al oído de mis hijos: «Líganos, Padre, con cuerdas que no se puedan romper. Líganos con amor». Por supuesto, no me quedo callada esperando lo que sucederá. Declaro que mi hijo, David, y mi hija, Julia, me amarán y podrán amar a su familia con la misma intensidad con la que han sido amados: con el amor que proviene de Dios. Ellos aman a Dios, a su familia y a su comunidad con el amor que proviene de Él.

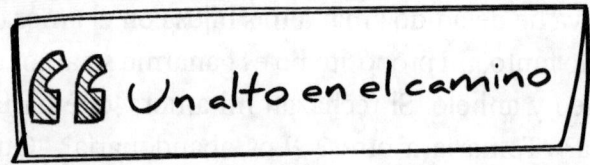

La noche antes de salir de Barcelona para nuestro tercer viaje hacia Rusia me sentía bastante inquieta. En Rusia nos esperaba la respuesta final del juez de aceptarnos como padres oficiales de mis dos hijos: Dos hijos, dos familias biológicas diferentes, dos orfanatos distintos y el doble de riesgo de que algo resultara errado. Esa noche Dios me proveyó algo muy especial.

El estrés de la gran espera

Meses atrás habíamos decidido que nos quedaríamos en Europa durante los diez días de espera obligatorios para toda adopción internacional. Y esa noche estábamos en un hotel en Barcelona. Cuando mi esposo hizo la reservación del hotel, escogió uno nuevo, pero que nos pareció bien económico. Al llegar cansados de Moscú a Barcelona, ya tarde en la noche, por alguna razón no había cuartos disponibles para nosotros. Así que decidieron darnos uno mejor, pero el único que encontraron fue la suite principal y, para nuestra sorpresa, ¡nos la dieron! De modo que Dios nos sorprendió con un hermoso regalo: El cuarto parecía más un apartamento lujoso y moderno con una habitación cómoda y un baño magnífico.

Así que, la última noche, mi esposo me regaló una estancia en el balneario. Cuando llegué, la mujer que atendía escogió por mí un tratamiento. También recibí en servicio mucho más de lo que pagué. Lo que pagué fue un masaje, y ella decidió hacerme un tratamiento en todo el cuerpo. Cuando le pregunte qué clase de tratamiento estaba haciendo, me contestó: «Es lo que en España hacemos para las novias el día antes de su boda».

¡Entonces sentí una vez más el palpitar del corazón de mi Padre! Fue la manera que Dios usó para mostrarme su corazón en celebración. Él me mostró su corazón celebrando conmigo. Fue la primera vez que Dios me llamó de manera directa... su novia.

9
La noticia más importante

¡Permíteme presentarte a mis hijos!

De acuerdo con el periódico semanal...
De Moscú, Element, las noticias más importantes esta semana eran:

- «La estrella de fútbol Ronaldinho, el muchacho del "juego bonito", será el portavoz de la nueva campaña publicitaria de Nike».

- «A la cantante Shakira la eligieron para cantar en la final de la Copa Mundial de Fútbol. Su canción "Las caderas no mienten" se ha convertido en la más popular de la historia».

- «Los actores Brad Pitt y Angelina Jolie mostraron por primera vez las fotos de su hija Shiloh Nouvel Jolie-Pitt».

Me pregunto: ¿Cuáles son los detalles desconocidos que involucran estas noticias y cuáles son las historias que se pasan por alto detrás de estas tres noticias? ¡Esas son noticias interesantes! Sin embargo, en nuestro mundo actual hay noticias de impacto: «El miércoles 14 de junio, llegamos a ser oficialmente los padres adoptivos de dos niños bendecidos por Dios: David y Julia». ¡Es un orgullo para nosotros presentárselos al mundo!

Somos familia... ¡Tengo a Julia y a David por fin!

Somos familia... ¡Vamos todos a cantar así!

Esta es la canción que entonamos cuando escuchamos las noticias de que pasaron los diez días y que el juez nos concedió la adopción de nuestros hijos.

Cómo sucedió el milagro

Por lo general, cuando estás viviendo una nueva experiencia de una trascendencia tan grande, no se pueden conectar los puntos hacia delante, solo puedes hacerlo hacia atrás. Por supuesto, eso es solo si estás prestando la debida atención. Fue de ese modo que pude conectar mi experiencia de adopción presente con mi experiencia de redención.

En esos momentos, confiaba también que algunas de las cosas que vivía tendrían un significado más agudo al poderlos conectar con el futuro. Por ejemplo, en el capítulo

La noticia más importante

anterior te hablé de cómo salí de Barcelona con la sensación de que Dios me llamaba su novia y que celebrábamos juntos algo maravilloso. Pues mientras escribo este libro, he tenido otras experiencias que le han traído más luz a esa primera impresión. Así que esta historia se cuenta porque tenemos confianza en que los puntos inconclusos se conectarán alguna vez en el futuro.

En primer lugar, fuimos al orfanato de Julia. Me sentía feliz porque al fin era mi hija. Ya había firmado todos los papeles, en ruso y en inglés. Ya tenía todos los derechos sobre ella, era mi hija. Solo que todavía estábamos en Rusia y ella seguía en el orfanato. ¡Este era el precioso día de su salida! Las órdenes fueron claras: «Trae todo lo que quieres que tu hija se lleve puesto porque te la entregamos desnudita». Así es, el asunto es que todas las cosas que los huérfanos usan son del orfanato. Nada les pertenece. Todas las cosas en el orfanato son de todos, pero nada es de nadie en particular.

Cuando llegó la hora de ir a buscar a Julia, nos llevaron a la oficina de la directora y esperamos a la niña. Allí en la oficina, Julia lloró más que nunca. Casi que gritaba de manera inconsolable. Julia solo tenía un año de edad. La directora le dijo en inglés a la niña: «Julia, ¿por qué lloras si te van a llevar para Miami?». De inmediato, nos la entregó para que le quitáramos toda su ropa. Al tratar de desnudar a Julia, ¡ella me desnudaba a mí! No quería que le quitara la ropa. Quería aferrarse a ella con todas sus fuerzas. Por fin, la logré desnudar y la directora me dice:

El milagro de la adopción

«No, quítale todo, hasta el pañal. Todo lo del orfanato se queda aquí en el orfanato».

Cuando terminé de quitarle absolutamente todo a Julia, la directora nos miró, como la experta que conoce todo un ritual, y nos dijo: «Ahora ponle tu pañal, tu ropa y tus zapatos». Julia comenzaba una vida nueva y lo primero que necesitó fue cambiarse de ropa. Tenía que dejar su ropa vieja y ponerse su ropa nueva. Los lectores que conocen las Sagradas Escrituras ya entienden la semejanza con lo que Pablo le dijera a la iglesia de corintios un día:

> Esto significa que todo el que pertenece a Cristo se ha convertido en una persona nueva. La vida antigua ha pasado, ¡una nueva vida ha comenzado! Y todo esto es un regalo de Dios, quien nos trajo de vuelta a sí mismo por medio de Cristo.
>
> **2 Corintios 5:17-18**

En mi libro *Confesiones de una mujer desesperada*, conecto esta experiencia con Julia de la siguiente manera:

> Cuando Julia con solo un año de edad se dio cuenta que mi intención era sacarla de aquel lugar donde vivía, y que para poder venir conmigo tenía primero que salir del orfanato y no podía traer ni el pañal que tenía puesto, comenzó a dar gritos y lloró mucho. Se sintió como el joven rico de la historia que nos cuenta la Biblia: «Cuando el hombre oyó esto, se puso triste porque era muy rico» (v. 23). Julia se puso muy triste porque pensaba que estaba

La noticia más importante

perdiéndolo todo. Y tenía razón, pues lo dejó todo atrás. Es más, la desnudamos para luego vestirla con ropas nuevas. Si lo analizas, llamamos riquezas a las cosas que nos esclavizan y nos ponemos tristes cuando Dios nos las quiere cambiar por «tesoros en el cielo»1.

Al final, le coloqué un sombrero a Julia en la cabeza y la sacamos del orfanato. Ahora era nuestra hija por fin. Entonces, nos subimos al auto para manejar otros cuarenta y cinco minutos para ir a buscar a David al orfanato #21 de Moscú. Igual que Julia, David lloró, y en esta ocasión les entregamos la ropa nueva a las ayudantes del orfanato y ellas nos ayudaron cuando vieron que traíamos a otra niña en nuestros brazos. Luego, con dos hijos en el auto, David miró a Julia y Julia miró a David por primera vez. Ese día se hicieron hermanos. Dios les entregó a dos niños huérfanos un padre y una madre y les concedió la felicidad de ser hermanos.

Mi suegro era el más bullicioso del grupo que nos esperaba en la recta final, animándonos y llorando de la emoción. Así lo expresó en ese momento:

El milagro de la adopción

  **Abuelos**

¡Estamos tannnnnnn felices y emocionados! Se lo hemos dicho a todos en el trabajo y ni siquiera puedo recordar cuántos correos electrónicos he enviado contando la gran noticia. Alguien pegó un letrero en mi oficina con cinta adhesiva en la parte exterior de mi cubículo que dice «¡Ya soy abuelo!». Por lo tanto, todos me felicitaron a mí también. Casi no puedo ni esperar a llegar a tu casa para ver a mis nietos... y, por supuesto, a los orgullosos padres también. Estoy contando los días. Pronto voy a empezar a contar las horas.

Bueno, tengo que hacer algo de trabajo antes de que me despidan. Así que los amo a los cuatro y llámennos cuando lleguen a casa.

Con mucho amor,

La abuela y el abuelo.

Mi amiga Vicki me escribió, como siempre, sus buenos consejos de madre adoptiva:

La noticia más importante

  Vicky y Craig

¡Sí! Con lágrimas en mis ojos, estoy tratando de escribir esto mientras mi hija Susannah juega con sus juguetes y arriba George protesta porque se va a dormir una siesta muy necesaria. ¡Solo espera! ¡Al menos no tendrás que vivir la rivalidad de hijo biológico-hermano mayor!

Hablando de eso, aprovecha este tiempo adicional en Moscú para que los pongas a ellos, que ahora son tus hijos, bajo las alas de su madre. Verás cómo este tiempo se recordará para siempre como la semana en que se convirtieron de verdad en una familia... antes de que la vida regrese a su horario normal.

Julia y David ahora pueden convertirse en hermano y hermana y llegar a conocerse el uno al otro, así como conocerlos a ustedes, sus padres. Será una locura, pero en muchos aspectos simplemente agradable. ¡Te sugiero que den largos paseos en el parque y que se acurruquen en la cama cada minuto que puedan! ¡Los cuatro! Olvídense de los buenos restaurantes y las cosas turísticas... Mantén las cosas sencillas, ámense y diviértanse. ¡No puedo esperar a oír más! Alaba a Dios, ¡ya que de Él es que fluyen todas las bendiciones!

Con amor,

Vicki y Craig

Comienza el proceso de inmigración

Nos retrasamos en nuestro proceso de inmigración, porque el lunes fue un día de fiesta en Moscú. Así que el tribunal no quiso contar ese lunes como parte del período de espera obligatorio de diez días. Entonces, como ya era viernes y aún quedaba algún trabajo por hacer y otros papeles que llevar a la embajada, tendríamos que quedarnos unos tres días más y es probable que saldríamos el miércoles.

Nuestros amigos Rossos, que vivieron el proceso de adopción al mismo tiempo que el nuestro, ya se estaban sintiendo frustrados igual que nosotros. Sin embargo, sentíamos que debíamos mantener la calma por nosotros y también para ayudarlos a ellos a soportar la espera. Por fin logramos regresar a casa el martes porque pudimos terminarlo todo a tiempo.

La presentación de nuestros hijos al mundo

Nuestros hijos David Mark y Julia Amanda tienen una actividad favorita: ¡Comer! De modo que no solamente por seguir el consejo de mi amiga, Vicki, sino porque no podemos, solo hemos comido en el hotel. Pedimos una hamburguesa y la repartimos entre los cuatro.

La noticia más importante

La hamburguesa cuesta casi veinte dólares, pero es gigantesca y viene con guacamole, ensalada y papitas fritas, algo para cada uno de nosotros. El desayuno es gigantesco y muy bueno. Por eso vamos al restaurante a las nueve de la mañana y no salimos por unas dos horas de allí. Les doy la comida, la leche y guardamos fruta para las meriendas.

Estamos manteniendo a los niños en su «viejo» horario para que no haya demasiados cambios para ellos. Nos levantamos a las siete de la mañana. Encendemos las luces, nos bañamos, nos arreglamos, oramos juntos y, luego, abrimos todas las cortinas y decimos: «Buenos días». Entonces, cambiamos los pañales y preparamos a los niños para ir a desayunar.

Desayunamos en el hotel... Todavía no sé si los estoy alimentando bien, pero lo que sí sé es que David está sobrealimentado, pues ya hemos tenido tres accidentes muy complicados que han requerido un baño de inmediato y lavar la ropa... A buen entendedor, ¡con pocas palabras bastan!

Vamos a tener el almuerzo y la cena en el hotel y todos disfrutaremos una siesta alrededor de las dos de la tarde. El hotel cuenta con un área de juego donde se pueden llevar a los niños después del desayuno y después de la siesta. Parece algo normal y fácil cuando lo escribo, pero no todo sale conforme a nuestro calendario, siempre hay una sorpresa y un reto en esta nueva experiencia de ser padres.

El milagro de la adopción

David y Julia son una bendición y, la verdad, ¡qué bueno que nos tocó quedarnos en Rusia unos días más para poder afianzar nuestros lazos de familia antes de conocer al resto de la tropa Segebre! Las cuerdas del amor de Dios y su provisión nos están enlazando.

 *Rebeca*

¡Feliz Día de los Padres!

¡Alabado sea Dios de quien fluyen todas las bendiciones!

Este es el primer Día de los Padres para mi esposo. ¡Qué hermoso y bendecido momento para todos nosotros! Los niños le dicen papá. David también trata de decir «Goool» y levanta sus brazos cuando ven los juegos de la Copa Mundial...

La noticia más importante

> He aquí una foto de los niños en la cama con nosotros...
>
> Hoy no pude enviar las fotos, quizá sea mañana, pues en el hotel cobran por hora y mi esposo está buscando su correo electrónico de negocios de modo que solo me quedan unos minutos... pronto nos prepararemos para el almuerzo de nuevo.
>
> Muchas gracias por todos sus comentarios... ¡Todos son muy bien recibidos y apreciados!
>
> Querido Padre celestial, te damos gracias por todas tus bendiciones. Gracias por David y Julia. Gracias porque nos has provisto a todos una familia. Estoy muy abrumada por tu bondad y creo que no he comprendido la plenitud de la misma. Gracias, en el nombre de Jesús, amén.

Un encuentro inesperado

En el cuarto de hotel en Rusia, sentimos que alguien llamaba a la puerta. Era una pareja en su primer viaje de adopción que conocimos en el vestíbulo del hotel. Al llegar, nos dijeron que querían hacernos algunas preguntas sobre el proceso. Ya en ese momento nuestros hijos se veían más calmados y felices que siete semanas antes. Incluso, comenzaban a comprender que tenían una mamá y un papá.

El milagro de la adopción

Esta pareja, en la puerta de nuestro cuarto, notaba la felicidad en el rostro de nuestros hijos comparado con los rostros de los niños que fueron a visitar por primera vez al orfanato. Entraron al cuarto, y al ver que David corría de un lado a otro con tanta energía, que venía y me daba un beso y que Julia parecía una princesa consentida, no pudieron callar más y confesaron la verdadera razón de su visita.

—Quiero que sepas que vi la foto de tu hijo David antes que tú y le dije que no —me reveló la señora.

Con esto, ya sabía con exactitud lo que trataba de decirme y sus implicaciones.

—Bueno, tal vez mis hijos te puedan llamar tía, porque estuviste a punto de convertirte en la madre de David —le dije para bajar el tono de seriedad que traía la mujer.

—Cuando vi su historial, tuve miedo, y pensamos que tal vez este niño nunca caminaría bien o que no podría llegar a hablar y dijimos que no.

—Está bien —le dije—. Yo estoy feliz de que tú dijeras que no y que yo pudiera decirle que sí.

Sin embargo, la mujer insistía en seguir la conversación.

—Verás, yo conocí hoy por primera vez al niño que tal vez pueda llegar a ser mi hijo. Su historial médico es muy bueno. A pesar de eso, cuando lo conocí, no se ríe como David. No se ve tan sano como tu hijo David. No sé si este niño está enfermo —me dijo casi llorando.

La noticia más importante

Solo una madre que pasó por esa misma experiencia puede tener compasión por una mujer que, de otra manera, pareciera ser lo más egoísta del mundo. No obstante, qué bueno que se desahogó conmigo. Pude asegurarle que mi hijo David y el niño que conocí en el orfanato eran dos personas diferentes por completo. David cambió su rostro y su actitud en las primeras cuatro horas conmigo y ahora ya se sentía bastante mi hijo. Sin duda, esta actitud era notable aun para esta mujer que solo vio una pequeña foto de David tres o cuatro meses atrás.

—Yo me sentí igual que tú el día que conocí a mis hijos. No tengas miedo.

Esto me recuerda la historia de Steve Jobs, el creador de Apple, quien cuenta que su madre biológica era una estudiante universitaria joven y soltera, y decidió darlo en adopción. Su madre tenía muy claro que quienes lo adoptaran tendrían que ser personas con títulos universitarios, de modo que se preparó para que a Steve lo adoptara al nacer un hombre que era abogado y su esposa. Solo que cuando Steve nació, la pareja decidió en el último momento que lo que de verdad querían era una niña. Así que los que al final llegaron a ser los padres del genial Steve Jobs fueron unos que estaban en lista de espera. A medianoche, recibieron una llamada donde les preguntaron: «Tenemos un niño que no esperábamos. ¿Lo quieren?». «Por supuesto», respondieron. Su madre biológica se enteró de que la madre adoptiva no tenía título universitario, y que el padre ni siquiera había terminado el bachillerato. Así que se negó a firmar los documentos de adopción. Solo cedió, meses más tarde, cuando los actuales padres de Steve Jobs prometieron que algún día Steve iría a la universidad.

Tuve la oportunidad de darle ánimo a la que le dijo NO a mi hijo, pero ella me trajo un bello regalo: Sus preguntas me forzaron a contestarle con mi realidad y, al hacerlo, fui consciente de la bendición que estaba viviendo y lo milagroso que era todo este proceso. Además, ¡salvamos a otro niño de los orfanatos y le ayudamos a darle valentía a su papá y su mamá adoptivos!

La llegada a casa

Llegamos a casa el martes, pero para nosotros era miércoles. ¡Ahora era que comenzaba la diversión en realidad!

Ese día nos despertamos a las cuatro de la mañana para tomar nuestro primer avión a Frankfurt en un viaje de unas tres horas. La travesía fue excelente y los niños se comportaron muy bien. Entonces, tuvimos que tomar nuestro vuelo de Frankfurt a Miami, de nueve horas y diez minutos. ¡Casi no comí nada en todo el viaje!

Julia estaba conmigo, durmió una hora y el resto del tiempo jugamos, cantamos, etc. Un auxiliar de vuelo se

La noticia más importante

acercó y nos felicitó y nos dijo que nuestros hijos se comportaban muy bien: «Hay muchos niños llorando y los suyos apenas se escuchan», agregó.

Bueno, estábamos tan cansados, que cuando llegamos a Miami, creo que eran... ¡No sé! Diez u once horas más adelantadas para nosotros. Pensé que íbamos a pasar por inmigración y que iban a ver mis pasaportes y los de los niños y decir: «Bienvenidos David y Julia a los Estados Unidos». Y así fue, pero después nos llevaron a una sala llena de gente para esperar nuestro turno.

En ese momento, empecé a sentirme cansada y frustrada de verdad... Había por lo menos cuarenta personas antes que nosotros. Había personas pidiendo asilo político o en el proceso de la residencia... ¡Y quién sabe qué más había en esa sala! No obstante, David y Julia tenían la prioridad por ser ciudadanos a través de la adopción.

Entonces, oramos para que Dios nos diera favor y Él lo hizo. Pudimos salir de allí en una hora... para a continuación hacer la caminata hacia la zona de reclamo del equipaje. Yo tenía a Julia en una especie de hamaca que se cuelga en la cadera. Traía una mochila en la espalda y a David en un cochecito, mientras que mi esposo se hacía cargo de nuestro equipaje. Pasamos por la aduana y vi a mi hermana, Debbie, y a su esposo, Richard, y lloré como una niña pequeña. Simplemente no podía creer que al fin estuviéramos en casa con nuestros hijos y que no tenía que preocuparme más por otro pedazo de papel que podría

El milagro de la adopción

obstaculizar el proceso de adopción... Así que metí un grito muy, muy grande, y me sentí muy contenta de ver a Débora allí... ¡Ella es tan dulce y servicial!

Después, vinieron los asientos del auto. Era la primera vez que David y Julia debían sentarse en esa clase de asiento y se comportaban como diciendo: «¡Lo sabía! Esta gente no es tan buena como pretendía ser por esta última semana. ¡Nos van a matar!». Por fin se calmaron con unos cereales que les dimos. Todos los padres adoptivos pueden repetir conmigo: «¡Gracias a Dios por el cereal!».

Llegamos a casa y recuerdo que al bajarme del auto vi mi casa amarilla, la casa que Dios me regaló, y recordé cuánto oramos y todo el esfuerzo que fue conseguirla y mantenerla. Por un momento me di cuenta que sin hacer nada en lo absoluto, mis hijos llegaron también a su casa. Las palabras de Jesús vinieron a mi mente:

> En el hogar de mi Padre, hay lugar más que suficiente. Si no fuera así, ¿acaso les habría dicho que voy a prepararles un lugar? Cuando todo esté listo, volveré para llevarlos, para que siempre estén conmigo donde yo estoy.
>
> Juan 14:2-3

Esta promesa de tener un hogar más allá del sol la entendí con mayor lucidez ese día.

Al llegar a la puerta, me saludaron mi madre, Carmen, y nuestra perrita, Lola. David aprendió a decir

La noticia más importante

Lola en el avión. ¡Qué bueno es estar por fin en casa! También nos saludó Mariela, quien había venido para ayudarnos con los niños.

A decir verdad, la vida nos cambia cuando somos padres. Yo llegué tan cansada que me enfermé de un resfriado y me llevó a la cama con dolor de estómago. Y todo esto en la etapa de adaptación primaria.

Mi familia lloró al ver por primera vez a nuestros hijos. Sin duda, mis familiares pueden ver el milagro de la adopción, pero también la manera en que representa la realidad de su propia adopción en la familia de Dios.

Entre paréntesis, mi madre es una gran ayuda con la comida y a la hora de las siestas. Sin embargo, su ayuda es sobre todo valiosa por sus constantes oraciones y su compañía.

El milagro de la adopción

Rebeca

Mañana, David cumple dos años... y mañana harán dos años que murió mi padre. Todavía me causa sorpresa el pensar que David nació el día que murió mi padre.

La abuela y el abuelo están contando los días. A partir de este sábado, vienen a visitarnos por una semana. Todos los estamos esperando con ansiedad. Dicen que vienen por carretera en su camioneta que viene llena de regalos. ¡Qué locura!

Una tía también estará aquí. Será genial tener la familia para la celebración del 4 de julio, pero sobre todo presentaremos a nuestros hijos al Señor este fin de semana. Solo será una ceremonia oficial con la familia y los amigos más cercanos.

Los niños se ven muy felices y sonríen mucho. ¿Recuerdan cómo Julia en las visitas al orfanato la única emoción que mostraba era a través de las lágrimas? ¡Lloraba tanto conmigo que me mantenía preocupada por ella!

Ahora, es la típica niña de mamá. Quiere estar conmigo todo el tiempo. Yo la estoy enseñando a estar solita por ratitos a fin de poder hacer las cosas normales... pero me siento muy bien al saber que a ella le encanta estar conmigo.

La noticia más importante

David aprendió a correr a mis brazos. Yo abro mis brazos y le digo: «David, ven, corre, corre a mami». Entonces, abre los brazos y corre hacia mí y me abraza.

¡Creo que nuestros hijos están tan felices como nosotros de estar en casa!

De las nueve respuestas y comentarios que recibimos, quisiera mostrarte una sola, de modo que veas el valor que tiene el contar historias de la vida real, sobre todo cuando las personas están en el proceso de adopción. Todos los mitos se vienen abajo y la realidad surge cuando nos volvemos vulnerables los unos con los otros. Mucho mejor si podemos alcanzar a otros porque les mostramos la historia a través del lenguaje escrito. Esta amiga también se benefició con la lectura del final de una historia de adopción y con una nueva vida en familia a punto de comenzar...

Carla

Mis ojos no se secaron nunca leyendo esta parte de tu historia en tu boletín. ¡Qué emocionante! Pensar que dentro

El milagro de la adopción

de tres días nosotros viajaremos para buscar a nuestros niños y las emociones son muchas. Esperamos que, de aquí a una semana, sean nuestros. Leyendo tu boletín, anticipo un poco lo maravilloso que será. ¡Alabado sea Dios que Él nos adoptó y que también nosotros podemos participar en el milagro de la adopción! Dios bendiga a tu familia en las próximas semanas mientras se adaptan a su nueva vida.

Carla

Con los amigos cercanos y la familia

Mi hijo me permite que le dé un biberón de avena que se lo prepara su «abue» Carmen. Es la receta perfecta para llevármelo a las piernas y mimarlo como si tuviera seis meses. ¡A él le encanta! Es muy normal que los niños «vuelvan» a etapas que no vivieron con sus padres biológicos y que anhelen tener y disfrutar con sus padres adoptivos. Me siento feliz de poder darle ese gusto.

Mi esposo le puso la camisa oficial del equipo de fútbol brasileño, ya que es la temporada de la Copa Mundial de Fútbol. Le compramos la camiseta de Italia cuando pasamos por allí en el viaje de ida a Rusia.

La noticia más importante

A mis hijos les encantan los mangos. Nos comemos un mango entre todos, incluyendo Lola, a la que le gustan los mangos también. Es un momento familiar muy emocionante comer mangos en Miami con mis hijos rusos y mi perrita que es casi humana. Sin embargo, a David nada le gusta más que una banana.

Fue una bendición contar con la presencia del abuelo, la abuela y la tía con nosotros por toda una semana. Celebramos el 4 de julio, día de la independencia de Estados Unidos, con los pum. Esa fue la expresión de David para los fuegos artificiales. Ser parte de esta familia es maravilloso. Yo no lo entendí hasta ahora que David y Julia no solo consiguieron una mamá y un papá que los quieren mucho, sino por una cantidad de familiares maravillosos que los aman y que están muy entusiasmados con su llegada a la familia.

Julia y David se ríen y se emocionan mucho cuando nos ven volver a casa. Cuando regresamos a casa después de dos horas de hacer diligencias, es maravilloso. Quiero decirles que ya van superando sus temores. Por ejemplo, su miedo a darse un baño. Ahora duermen toda la noche. Es hermoso ver cómo la vida está llena de ocupaciones que disfrutamos ahora con nuestros hijos. Nosotros llevamos el registro en nuestro corazón como un regalo de Dios especial para nosotros.

También hicimos un servicio de dedicación en nuestra casa con los amigos cercanos y la familia. Dick

Linder, padrino de mi esposo y ex misionero de Brasil, dirigió el servicio.

Entre paréntesis, un agradecimiento muy especial a tía María por el hermoso vestido de Julia y también por la vaca que le marcó de manera exclusiva para ella. Sí, Julia tiene una vaca en Colombia gracias a la tía María. Además, tiene un pedazo de tierra de playa en una isla muy aislada en Brasil... ¡gracias al abuelo y a la abuela! Cómo me gustaría llevar a Julia y a David a ver a estos dos sitios algún día. Así que tendremos que hacer las gestiones y comenzar a pedírselo a Dios. Tal vez más adelante...

Las reglas de su amor

He vivido momentos de duda, pero he podido encontrar en mi interior el conocimiento de lo que me hacía falta a fin de poder creer. A través del dolor he descubierto la sabiduría que hay cuando se vive con humildad. He experimentado el temor, pero he encontrado la fuerza para seguir adelante de todos modos. He aprendido que todas estas cosas no son más que oportunidades para crecer y cuando permitimos que Dios obre a través de todo.

La duda es el antónimo que más se aplica a la palabra confianza. Quiero permanecer siempre confiando en el amor y la bondad de Dios. Sin duda, he experimentado su amor y su bondad lo suficiente como para erradicar la palabra duda de mi vocabulario.

No obstante, parece que el problema está dentro en alguna parte, y a veces descubro que sospecho de su amor y su bondad. Así que, ¡ya basta con eso! Hoy mismo deben terminar estas cosas.

El dolor y el sufrimiento son medios muy persuasivos en el proceso de humillarnos bajo la poderosa mano de Dios. Esto es cierto, sobre todo, cuando se encuentran fuera de nuestro control. A decir verdad, la mayoría de las veces es así. No puedo pensar en una ocasión en la que no trataría de escapar del dolor y del sufrimiento si pudiera, pero de alguna manera la experiencia me lleva de nuevo al recuerdo de mi humanidad frágil y esto se encuentra a un paso de la humildad.

El miedo es la experiencia más paralizante que he tenido. El miedo siempre me intenta vender una salida, incluso cuando pienso que de todos modos no me puedo mover. Aun así, el saber cuál es la voluntad de Dios para mí en el momento siempre me da la fuerza para avanzar hacia lo que quiero lograr.

Las emociones durante el proceso

A lo largo de nuestro proceso de adopción experimentamos todas estas emociones, y así fue cómo llegaron:

El milagro de la adopción

- *Duda:* ¿Será que Dios sacará adelante este milagro para nosotros?

- *Dolor y sufrimiento:* Habia llegado a este viaje a través del dolor de la infertilidad, pero también mediante el dolor de haber «perdido» la adopción en Brasil. ¿Por qué no dejar de sufrir?

- *Miedo:* ¿Qué pasaría si uno de los ocho aviones que tenemos que tomar tiene un accidente y nos morimos en el intento de adoptar? Sé que hay otros muchos factores de miedo en este proceso que los viajes en avión. Así sean doce o quince, casi siempre se pasan por alto cuando escribimos nuestra propia lista de «miedos de adopción».

Hoy en día, veo la mano de Dios en todo nuestro viaje hacia la adopción: Su amor, bondad, favor y gracia. He aprendido a ver la salvación como la historia más maravillosa de adopción y eso es increíble porque:

- La adopción de mis hijos ha ejercido el poder de convencerme de la mía.

- La adopción de mis hijos tiene la capacidad no solo de explicar su historia, sino que hace que mi adopción como hija de Dios sea la definitiva que se cuente sobre mí.

- La adopción me define a mí, pues soy hija de Dios.

Estoy muy feliz de que de alguna manera la duda, el dolor y el miedo no se pronunciaron ganadores cuando tomábamos nuestra decisión de adoptar a nuestros hijos. Le doy gracias Dios por la fuerza que nos dio al permitir que supiéramos que la adopción es su voluntad para nuestras vidas como familia.

«Yo no adopto porque creo que los niños huérfanos son "mala sangre"».

Recuerdo el día en que una amiga de mi amiga quería hablar conmigo porque estaba considerando la adopción como una alternativa para completar su familia, pero tenía temores. Esta es la manera en que expresó sus temores: «Rebeca, tengo el deseo de adoptar, pero tengo miedo por eso de que les llaman "mala sangre" a los niños huérfanos».

Esta mujer no tiene ni idea de lo ofensivo que es esta expresión en los oídos de una madre que adoptó a sus dos tesoros. Sin embargo, de todas maneras, no puedo ofenderme, sino más bien perdonarla y traer luz con la realidad para los que en secreto se sienten como ella.

No sé de dónde sale el término «mala sangre», pero lo he escuchado antes. Lo único que encontré en la Internet fue un estudio que no tiene nada que ver con los huérfanos y que se hizo entre los años 1932 y 1972 en Tuskegee, Alabama. A pesar de todo, no importa de dónde venga el término. Quiero responder a este mito de la misma manera que le contesté a la amiga de mi amiga en esa ocasión: «Tu sangre no es mejor que la mía y la mía no es mejor que la tuya. Tú y yo tenemos el mismo problema, se llama pecado. El pecado entró en el mundo y con él entró la enfermedad y la muerte. Existe una sola solución para el pecado y es la sangre de Cristo. La sangre de Cristo cubre a mis hijos adoptivos igual que me cubre a mí. Es tan poderosa para salvarlos a ellos como lo es de eficaz sobre mi vida o la tuya. No hay tal cosa llamada "mala sangre". Solo hay pecado y el pecado tiene su antídoto que debemos aplicarlo al necesitado».

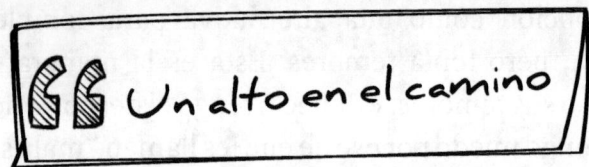

Un alto en el camino

La experiencia de la adopción nos trajo un mensaje de Dios: La resurrección.

¿Qué se siente muerto en tu vida? ¿Tus finanzas, un sueño, tu negocio? ¿O tal vez sea el amor por tu cónyuge? Dios tiene el poder de la resurrección.

Hoy es el día de dejar la resignación y darle paso al poder abrumador de la resurrección de Cristo Jesús. Llegarás a ser un mensaje de redención en las manos de Dios.

La noticia más importante

¡Con su ayuda, en su mano y con su poder volverás a florecer! Aunque hoy te sientas como una vara seca, ¡mañana reverdecerás, florecerás y darás fruto!

Hace unos cuantos años, estábamos en Rusia en una pascua visitando por primera vez a los que hoy son nuestros hijos. ¡Qué bella experiencia de redención pasar de un estado al otro! Ayer, vivían en un orfanato al lado de muchos otros niños. Hoy, duermen a mi lado bajo la protección que nosotros como padres podemos proveerles.

Para pasar del orfanato a nuestra casa, se requirió de un proceso milagroso. Y ese es precisamente el mensaje de redención. Lo que ayer fue, ya no es hoy. Un día floreció en ti la resurrección de Cristo y tu vida cambió. Tal vez hoy necesitemos salir de otro Egipto, pero ahora sabemos el secreto sagrado de cómo hacerlo: ¡Abrazar el cambio, lo desconocido, salir con confianza, mover nuestros pies y ver el mar abrirse delante de nosotros mientras los ángeles de Dios nos ayudan con lo que no percibimos!

¡Él puede hacerlo otra vez! ¡Él puede resucitar lo que parece estar muerto en tu vida!

10
Nuestras primeras experiencias en familia

La etapa de enamoramiento

Mientras más pasan los años... Más puedo decir que valió la pena cada etapa que recorrimos y cada minuto que esperamos. Estos hijos han sido los que el Señor quiso que tuviéramos y nos sentimos bendecidos por ello. Cuando David estaba a punto de empezar el preescolar, yo volví a mi trabajo, ya que mi madre y Mariela me ayudan con los niños. Además, servimos al Señor con nuestro ministerio de colaboración a los matrimonios, así que estamos muy agradecidos con Dios.

Nuevos acontecimientos en el hogar

Cuando el abuelo preguntó si ya David había aprendido a decir alguna palabra, le dijimos: «Sí, ya sabe decir: carro, ya va, sucio y avión». El abuelo no entiende nada de lo que dice David porque no habla español. Mis hijos están aprendiendo el español con más rapidez que el inglés y, como madre adoptiva, me siento orgullosa de que sea así.

Nuestro medidor de avance con respecto al enamoramiento en nuestra relación con nuestros hijos adoptivos funciona así:

Por el número de sonrisas, abrazos y besos que nos dimos en el día.

- Si nos sentamos juntos a hojear o leer un libro.
- Si nos divertimos cuando jugamos juntos.
- Si han aprendido a apreciar a todos nuestros familiares.
- Si disfrutamos momentos de salir juntos al parque o a pasear por la playa.
- Si pude mirarlos a los ojos con ternura.
- Si les canté una canción que les gusta.

Nuestras primeras experiencias en familia

- Si pude encontrar un momento para alabar algo bueno que hicieron.

- Si les dije «Te amo» con el corazón en la mano esperando escuchar: «Yo también te amo, mami».

El medidor físico se hace con la visita al médico, a fin de hacerles sus exámenes. Julia y David estaban por debajo del dos por ciento de lo normal de acuerdo con su edad. Así que la primera vez que los llevamos al médico fue importante porque queríamos tener los resultados de sangre de un hospital de Estados Unidos.

Mi cuñada estuvo allí para ayudarnos. Me acompañó al médico el día que les sacamos la sangre por primera vez. Yo estaba más nerviosa que mis hijos, pero ellos también estaban ansiosos. Lloré con Julia mientras el médico le sacaba los cinco tubitos de sangre. Julia gritó, lloró y se frustró con la experiencia de la extracción de sangre. David se traumatizó menos. Lloró, pero cooperó muy bien. Lo más importante es que los resultados de los exámenes regresaron perfectos y el médico dice que su estado de salud es excelente. ¡Alabado sea Dios!

También le hicimos la traducción a todo el historial médico que trajimos de Rusia, incluyendo las vacunas que les pusieron. Les hacía falta unas cuantas y también les dieron sus pinchazos, pero ya salimos de esa etapa. ¡Les faltaban tres vacunas a cada uno! Gritaban en el consultorio médico, pero no tendrán que volver, sino hasta los cuatro años. A causa de las vacunas, les dio fiebre y una pierna de David se inflamó un poco el fin de semana.

En cuanto a la parte espiritual, a los dos les encanta la música y disfrutan ir a la iglesia y escuchar las alabanzas. Recuerdo el día que fuimos a la iglesia con mi hermano y su familia. En cuanto David oyó la música de adoración, corrió al interior del santuario, se puso a danzar y se dedicó al baile. Estaba feliz y riéndose mientras bailaba... Tuve que tomar fotos y bailar con él. Mi hermano vio cómo David disfrutaba tanto en la danza y como seguía el ritmo con movimientos de hombros que dijo: «¡Qué diferencia!».

Con respecto a los miedos, David todavía es un poco miedoso. Parece que cada semana hay algo que lo asusta. La primera semana le tenía miedo a bañarse y a montarse en el auto. La semana pasada se comenzó a poner nervioso con el ruido de las máquinas de cortar el césped.

Julia parece una niña muy segura e independiente. Es un verdadero encanto. Cada vez que llegamos a un lugar en el que saluda a todos y les dice «hola», entonces comienza el juego de la niña tímida, pero te regala una sonrisa súper embriagadora. Ambos son muy delicados. ¡Es tan hermoso tenerlos y disfrutarlos como hijos!

Nuestras primeras experiencias en familia

El lugar de hijos

Lo más importantes en esta etapa es realizar actividades que ayuden al niño o, en nuestro caso, a los niños a reclamar o agarrarse del lugar de hijos. Por eso, ya has leído algunas de las cosas que hicimos a propósito una vez que David y Julia llegaron a convertirse en nuestros hijos:

- Enviamos anuncios acerca de la adopción por Internet a todos nuestros amigos.
- Comenzamos a recopilar fotos en una gran caja negra para que no se dañen y poder colocar en un libro como este o en un álbum.
- Les enseñamos a los niños a llamarnos mami y papi.
- [1] Les colocamos un segundo nombre con significado familiar.
- Colocamos fotos de nuestra historia de cómo nos conocimos en la pared de nuestro comedor.
- Llevamos a los niños a reuniones con los otros parientes y los involucramos en los rituales habituales de la familia como la celebración del Día de Acción de Gracias.
- Hicimos una ceremonia religiosa para presentarlos y darles la bienvenida a la familia.

El milagro de la adopción

- Los vestimos con prendas especiales que mantendremos de recuerdo para cuando crezcan.

Rebeca

David y Julia tienen una familia entera para amar

Siento mucho que haya tardado tanto en escribir en nuestro boletín. Acabo de darme cuenta del tiempo que ha pasado porque recibí un correo electrónico con un anuncio que nos recuerda que enviemos nuestros informes de adopción a Rusia después de los primeros tres meses.

¡Hemos terminado los informes y estoy lista de nuevo para escribirles aquí las noticias!

Fue hace más de un mes, un lunes por la mañana, que nos despertamos con la noticia de que el huracán Ernesto venía de seguro hacia el sur de la Florida.

En el pasado, yo lo tomaba con mucha calma. ¡Este año fue diferente! Ahora tenemos que cuidar a David y Julia. Es más, me entró el pánico. Corrimos a las tiendas, compramos mucha comida y agua... y aún no me sentía bien. Así que decidimos salir de la ciudad.

Nuestras primeras experiencias en familia

El lunes, a las cuatro de la tarde, mi esposo y yo tomamos a David, Julia y Lola en nuestra camioneta y decidimos realizar un viaje a la ciudad de Charlotte para visitar a los abuelos. ¡Una escapada a causa del huracán! Dormimos la noche en un hotel y al día siguiente comenzamos de nuevo. ¡Los bebés y la Lola se comportaron muy bien! Me impresionaron todos.

En este viaje visitamos a Vicki y Craig. La pasamos muy bien con el abuelo y la abuela y visitamos la Asociación Billy Graham para presentarles nuestros hijos a la gente querida que oró por ellos. Por lo tanto, déjame decirte cómo fue:

En nuestro camino a Charlotte, me acordé que nuestros buenos amigos, Vicki y Craig, viven en Carolina del Sur y que tendría que pasar por su ciudad en el camino a Charlotte. Por lo que la llamé por teléfono y ella fue muy amable de cambiar sus planes para recibirnos en su casa por la tarde.

Qué gran regalo para nosotros fue poder volver a ver a Vicki y Craig. Ellos adoptaron una hermosa niña en Rusia al mismo tiempo que nosotros, pero nos llevaban la ventaja en el proceso. Por lo tanto, podían darnos consejos en el camino. Su hija es muy bonita y se parece tanto a David que los podrían identificar como primos. Ella y Julia tienen la misma edad, solo se llevan cinco días de diferencia, y ambas están caminando muy bien.

El abuelo y la abuela nos llamaron para que nos diéramos a fin de llegar a Charlotte para la cena. No creo que pueda describir la sensación de estar en su casa. Podía sentir la felicidad de nuestros hijos y me acordé de los tiempos especiales en que yo solía ir a una pequeña ciudad en Colombia a visitar a mi abuela, Jadne.

¡Comimos muy bien! Por supuesto, para todo el que tuvo el placer de comer de la cocina de Dick, sabe lo que quiero decir con esto. Incluso, ¡su arroz blanco sabe mejor que cualquier otro arroz blanco en el mundo entero!

El poder de la oración

El jueves fuimos a la Asociación Billy Graham para presentarles nuestros hijos a los amigos de mis suegros, Dick y Berenice, y a sus compañeros de trabajo. ¡Qué lección de humildad! Había mucha gente que venía de todos lados para conocer a David y Julia. Estas eran personas que se habían comprometido a orar por nuestra adopción y estábamos muy agradecidos por ello. Con todo, si no hubiera sido por el huracán Ernesto, no hubiéramos ido a Charlotte ni nos hubiéramos dado cuenta de la multitud de personas que en oración nos acompañaron hasta la recta final. Solo tengo que detenerme aquí y decir: «Creo en el poder de la oración», pues la adopción puede ser un proceso muy complicado debido a que muchas cosas pueden salir mal.

Nuestras primeras experiencias en familia

Sin duda, fuimos testigos de muchas señales y milagros en nuestro camino a la adopción de nuestros hijos. Por eso es que animo a cualquiera de ustedes que se encuentre en el proceso de adopción a que ore a Dios para que traiga compañeros de oración que se mantengan comprometidos a orar por tus hijos y por ti. Creo que la oración no es tanto para que Dios «haga», sino para que nosotros seamos capaces de confiar y esperar. La oración nos ayuda a poder esperar a medida que los muchos escenarios preocupantes, de noticias o posibilidades que dan miedo comienzan a aparecer y, a pesar de todo, poder mantener la fe y no darse por vencido justo en el centro del proceso de adopción.

Lo milagroso no es que hiciéramos una adopción en Rusia, sino dos, y en dos orfanatos diferentes. Es más, ¡pagamos por dos adopciones porque no nos hicieron rebaja en el precio! ¡Ah, qué bueno que no me rebajaron el precio! ¿Sabes? ¡Lo mismo sucedió con tu adopción y la mía! ¡Sí!

Todas las personas que lean estas páginas y hayan confiado en Cristo para salvación de sus almas me entenderán: A Cristo Jesús no le hicieron un paquete en la cruz por comprar dos en vez de uno. Tuvo que pagar el precio completo por ti y el precio completo por mí. ¡Qué hermoso!

David y Julia no tuvieron que pagar nada por sus adopciones, aunque tuvieron un precio bien costoso. A pesar de eso, quiero agradecerle a Dios porque Él fue

El milagro de la adopción

quien proveyó para que se pagara la deuda de nuestra cuenta de adopción. ¡Dios se ideó la manera de pagar las dos cuentas por completo!

Muchas veces me sentía abrumada y me encontraba adivinado si era en realidad la voluntad de Dios adoptar a Julia y a David. Me siento horrible de tener que confesar estos sentimientos, pero los tenía. Si tú estás pasando por esto, te aconsejo que leas de nuevo el mito del capítulo 7 de este libro.

Hoy en día, agradezco mucho saber que debido a la oración, de alguna manera pude tener la fuerza para dar cada paso en el camino y esperar y vivir de la misma manera. Pude soportar saber la realidad de todo lo que estaba «fuera de nuestro control», pero también sabiendo que el Señor tenía el control y sabiendo hacia dónde nos dirigía. Estoy muy contenta hoy porque tenemos la bendición de tener a David y Julia...

Por lo tanto, si necesitas un compañero de oración que esté disponible para orar por tu adopción, dímelo cuanto antes que yo me comprometeré a orar por ti. Si me lo pides, voy a orar y voy a pedirles a mis amigos que oren también. ¡He visto el poder de la oración y me encantaría ser parte de tu historia de adopción!

Después de pasar un buen tiempo en la casa de mis suegros, Dick y Berenice, decidimos regresar a Miami el sábado y esta vez lo hicimos en un día. Julia y David

Nuestras primeras experiencias en familia

aman a su abuelo y a su abuela. Juegan entre ellos a que los llaman por teléfono y les tiran besos. Ellos también aman de manera profunda a su «abuelita» o «Abue», es decir, mi madre Carmen.

David me dice: «¡Mamááá!»

Esto comenzó en nuestro largo viaje de diez horas en el auto cuando regresábamos de Charlotte. David empezó a ponerse un poco molesto, por lo que empecé a frotarle los pies. Bueno, ¿adivinen qué? ¡Le encanta!

Así que ahora, cuando estamos en el auto y yo no estoy manejando, dice: «¡Mamááá!». Yo le miro y me mueve sus pies... Yo comienzo a frotárselos y se pone sus dedos en la boca como si tuviera un chupete. Se ve bellísimo, ¡angelical! Sé que no es bueno que los niños se chupen el dedo, pero el día que vi a David por primera vez, estaba acostado en su cuna con sus ojos completamente abiertos y sus dos deditos en la boca. Así que cada vez que lo veo haciendo lo mismo, recuerdo el día que lo conocí y me emociono muchísimo todavía. ¡Creo que va a chupar dedo por mucho tiempo! Es más, voy a necesitar ayuda en unos cuantos años.

La nueva palabra favorita de David es «¿Por qué?». También la dice en inglés. Es muy gracioso porque no habla frases todavía, pero dice: «¡Mamááá!». Luego, empieza a hablar este lenguaje «inventado», me mira y dice: «¿Por qué?». Entonces es que quiero contestarle con la misma pregunta: «¿Por qué? ¿Por qué David, por qué? ¿Por qué tengo la dicha tan grande de tenerte?».

Julia es la niña de la casa

Me encanta vestir a Julia y, luego, ponerle algo bonito en el pelo. El problema es mantener las piezas en el cabello. Por lo general, el juego es ver quién se cansa primero: ella o yo. Bueno, ahora mi táctica es arreglarle el cabello y después darle algo para distraer sus manos. Intentamos tomarle fotos, pero es muy difícil porque no se queda quieta.

Me encanta ver a mi esposo persiguiendo a Julia y tratando de tomarle una foto. Ella sabe que es el centro de atención. A Julia le gusta llamar la atención, sobre todo cuando se hace pasar por el monstruo de las galletas y le beso las grandes mejillas que ella tiene.

Verla caminar es una bendición porque su informe médico decía que sufría de raquitismo y otras cosas más y que, al parecer, no podría caminar con firmeza. Sin embargo, Dios la ha sanado y ahora no camina, sino que corre.

Nuestras primeras experiencias en familia

Rebeca

La invaluable ayuda de la abuela Carmen

He visto un montón de preguntas de personas que quieren adoptar dos niños a la vez y están dudando acerca de si deben o no obtener la ayuda de los familiares. Por lo tanto, yo quise escribir un poco sobre nuestra experiencia.

Como muchos de ustedes saben, ya hace cuatro meses que regresamos de Moscú con dos hermosos hijos y el día que llegamos todos estábamos cansados.

Mi madre estaba con nosotros cuando llegamos y me dice que en medio de aquella primera noche en casa, mi niña de un año estaba llorando mucho, pero ni mi marido ni yo oímos nada. Así que ella tocó a nuestra puerta y nadie respondió. Entonces, entró en el dormitorio y por un rato me agitó por el brazo con suavidad y yo no respondía. De modo que entró a la habitación de mi niña y se hizo cargo de ella: Le cambió el pañal, la meció un poco y la colocó boca arriba para dormir. ¡No tengo ningún recuerdo del episodio! ¡Qué vergüenza!

Sin embargo, más que eso, estoy muy agradecida que mi mamá estuviera allí para el rescate. Sí, me sentí culpable por un tiempo.

Habíamos estado despiertos durante veinticuatro horas antes de irnos a dormir esa noche y también teníamos un desfase

El milagro de la adopción

horario de ocho o más horas. Además, yo también me sentía agotada por el trabajo de la semana anterior que pasamos los cuatro en el hotel en Rusia y donde creemos que nos convertimos en una familia. Estoy muy agradecida que mi mamá estuviera allí con nosotros durante los primeros dos meses.

Si bien mi madre pasa tiempo con nuestros hijos, solo ocupa su lugar de la abuela, que es el que le corresponde. Creemos que nuestros niños no se han confundido. Ahora mi mamá no está con nosotros, pero estará de regreso en un mes o dos.

Fue abrumador ir de repente de un «nido vacío» a una familia de cuatro, con una niña de un año de edad y un niño de dos años. Sin embargo, al volver la vista atrás, analizando toda la experiencia y todavía construyendo la historia, no cambiaría nada. Es más, hoy me siento muy contenta de que hayamos adoptado dos al mismo tiempo. ¡Les envío bendiciones a todos ustedes que están considerando tomar este camino de adoptar dos niños a la vez!

Si tú decides adoptar dos a la vez, te animo a que aceptes la ayuda de las personas de tu familia en las que puedes confiar para esta tarea tan especial. Lo que quiero decir es que quienes te ayuden deben ser personas a las que les puedas explicar los asuntos del «apego», sin que se sientan ofendidas. Las personas que nos ayudan deben entender que lo que pueden hacer es ayudarnos con las tareas de atenderlos, pero ser sensible para dejar todas las interacciones que crean apego para ti que eres la madre.

Esto, claro, se puede dar si logras estar despierta cuando tus hijos te necesitan.

¡Gracias, mami, por tu gran ayuda!

Nilda

Estoy totalmente de acuerdo. Además, creo que la adopción de dos a la vez hace que sea más fácil para los niños. Tienen otra persona que les resulta conocida y que juntos van pasando por las mismas etapas.

Nilda

Marta

Rebeca, solo quería saludarte... ¡decirte hola! Estamos en el proceso para adoptar a uno solo, ¡pero estoy de acuerdo contigo en que la ayuda de la abuela en los primeros días es invaluable! Es difícil volver a casa y sentirse un zombi.

¡Me alegro de ver que todo va bien con tu familia!

Marta

Cómo se llega al amor

No puedo creer que ya sea primero de diciembre. ¡Increíble!

David comenzó a llamarme «mami» justo antes del Día de Acción de Gracias. Eso es mucho más dulce que «¡Mamááá!», a pesar de que esta expresión es fabulosa. Estoy muy agradecida a Dios por ese regalo.

Puedo ver que David se aferra cada vez más a mí es este último mes. También recibe con agrado mis actos de afecto. Hace dos noches, mientras estaba cantando con él las canciones habituales que les he compuesto, me dijo: «Mami, mami, amo». «Amo» es una palabra muy utilizada en las canciones que les canto a los dos en la noche. En realidad, me toma de las mejillas, se pone muy cerca de mi cara y empieza a hablar de cosas como «secretos». La mayoría de las veces, no puedo entender lo que me dice, pero finjo que le entiendo y sigo con la conversación... ¡Le encanta hablar! Esos son los grandes momentos con nuestros hijos.

David tiene dos años y ya debería hablar más, pero no me voy a preocupar con lo que podría ser un problema. Voy a continuar orando por él y disfrutando sus logros y avances en la relación de hijo conmigo. Debido a que quiero que aprenda a hablar, lo matriculé en un jardín de infancia por tres horas unas cuantas mañanas a la semana. Sin embargo, creo que no lo voy a dejar allí mucho tiempo porque en casa vigilamos muy bien la alimentación y en la escuelita no son tan estrictos como nosotros. Creemos que la alimentación es muy crucial en el desarrollo de nuestros dos hijos, pues no tuvieron unos buenos comienzos.

Mi mamá y yo asistimos a la celebración del Día de Acción de Gracias, en la escuela de David, y fue maravilloso. Le pedí a mi madre que tomara una foto mía con David y, luego, me di cuenta que era más o menos la misma foto que me tomé en Moscú en nuestro segundo viaje. Lloré cuando me vi de rodillas junto a David en la mesa, ¡pero esta vez yo estaba al lado de mi hijo!

Julia me llama «mamá»

Papi fue el primer hombre que Julia vio en toda su vida. Y esto ocurrió cuando estaba a punto de cumplir un año de edad. Así que ahora le encanta bailar con el padre en casa.

El milagro de la adopción

Papi canta esta canción: «Algún día tu príncipe vendrá», y Julia le da la mano a su papi siempre en la misma posición. Bailan y ella finge que está cantando con él.

Julia tiene una gran personalidad. Le encanta cantar y bailar. Por la noche, después de darle el biberón, sabe que es tiempo de cantar canciones de cuna, de modo que comienza a imitar mi canto. Cree que yo la ayudo comenzando la canción y ella me sigue. Es un momento precioso. Luego, se pone sus dos dedos en la boca indicándome que está lista para irse a su propia cama. Ya Julia se sabe unas veinte palabras y una de ellas es «mamá».

Julia decía papá, pero no decía mamá. Solo hace dos días, en diciembre, que comenzó a decirme mamá. También sabe decir casa.

Les encantan los vegetales

David y Julia deciden no comerse la comida si no ven los siguientes elementos en la mesa a la hora de almorzar o cenar: Tomates, aguacates, pepinos, rábanos. También les encantan las cebollas y su ensalada favorita es la caprese, con tomate y queso.

Esta semana, mi esposo estaba asando carne y todos nos comimos casi un barril de espárragos. Mientras preparaba la carne, nosotros tres nos acabamos los vegetales que había cocinado. Por supuesto, nuestra perrita Lola también ayudó.

Nuestras primeras experiencias en familia

¡Estamos muy contentos de que a nuestros hijos les encanten las verduras!

Mensaje de Navidad

Esta Navidad es muy especial para nosotros porque la podemos disfrutar como familia. Esta es la Navidad que por primera vez celebraremos juntos con nuestros hijos David y Julia. Todo esto lo hacemos mientras recordamos que nació un Niño que se nos dio para llenar de esperanza los corazones y las vidas de los desesperados. Jesús, nuestra esperanza maravillosa, llega a nuestras vidas para lograr lo que el hombre no puede. ¡El Niño de la Esperanza es Jesús!

Una cosa importante se quedó en casa aun después de la Navidad: Tomé una de mis canciones favoritas de Navidad y la convertí en una canción de cuna para nuestros hijos. Dice así:

Mami, ¿qué ibas tú a saber que tu hijo varón se llamaría David?

Mami, ¿qué ibas tú a saber que tu hijo varón vendría a ti de Rusia?

¿Qué ibas tú a saber que este pequeño varón sería tu mayor gozo

y el precioso niño que hoy meces es un bello regalo de Dios?

El milagro de la adopción

>¿Qué iba yo a saber?

Y, claro, esa misma canción se la canto a Julia:

>Mami, ¿qué ibas tú a saber que tu hija mujer se llamaría Julia?
>
>Mami, ¿qué ibas tú a saber que tu hija mujer vendría a ti de Rusia?
>
>¿Qué ibas tú a saber que esta pequeña niña sería tu mayor gozo
>
>y la bella nena que hoy meces es un precioso regalo de Dios?
>
>¿Qué iba yo a saber?

Mi regalo de cumpleaños

El año pasado, en el día de mi cumpleaños, estaba muy triste. Acabábamos de regresar de Brasil con las manos vacías después de una mala experiencia y que también fuera algo que nos abriera los ojos al mundo del huérfano. Este año, justo un año después de ese día que sentí que no había esperanza, celebré mi cumpleaños con nuestros dos hijos.

A la hora del almuerzo, recibí una llamada telefónica de un extraño. Se trataba de alguien desconocido por completo. Solo me llamó para preguntarme acerca de la adopción. Me encontré en el teléfono por una hora

Nuestras primeras experiencias en familia

recordando toda la experiencia de nuestra adopción. Ese fue el mejor regalo que podría haber recibido el día de mi cumpleaños: Me vi obligada a mirar hacia atrás y darle gracias a Dios por su bondad hacia todos nosotros.

Sin embargo, también es muy hermoso tener la oportunidad de escucharse a uno mismo contar cómo se desarrolló nuestra historia de adopción, porque es importante que recordemos y no olvidemos. Al mismo tiempo, Dios utilizó este momento para traer algo de luz y esperanza a otra familia en el proceso de adopción. ¡Gracias, Jesús! Qué significativo es que Dios me haya pellizcado para decirme cómo mi vida había cambiado en solo un año. Tenemos que prestar atención a todos estos detalles, a fin de no perder la oportunidad de celebrar la bondad de Dios.

Mi primer Día de las Madres como mamá

Mi primer Día de las Madres fue muy emocionante.

Comencé el día con un gran desayuno en la cama. Mi esposo preparó un desayuno tarde para los dos y comimos en nuestro balcón, mientras nuestros hijos estaban todavía en la cama. Elaboró unos hermosos huevos con tostadas francesas hechas de cruasán, decorados con espinacas salteadas y algunas rodajas de kiwi. También compró algunas moras, mi fruta favorita, y mimosas. ¡Fue increíble!

Luego, me di una ducha y él alistó a los niños. Cuando salí del baño, David y Julia me estaban esperando con flores en sus manos y cantando: «Felicidades, mami, para ti. Felicidades, mami, para ti». ¡Bravo!

Un segundo nombre para Julia

Quizá la razón del porqué mi madre no me pusiera un segundo nombre fuera porque estaba destinada a ser un regalo de Dios.

Cuando conocí a Julia, era Yulia. No queríamos cambiarle su nombre, así que le pusimos un segundo nombre que fuera significativo: «Amanda», que quiere decir «amada». Así que su nombre es Julia Amanda.

Julia ha aprendido a decir su nombre, el nombre de «abue», mi madre, el de su hermano, abuela, abuelo, el nombre de papi y el mío. Cuando el otro día le pregunté mi nombre, me dijo: «Mami Rebe Amanda».

Por lo tanto, ¡eso es! A esto me destinaron. Julia cambió mi nombre. Solía ser Rebeca Segebre, ¡pero ahora Julia me adoptó y cambió mi nombre a Rebeca Amanda «Amada» Segebre.

Nuestras primeras experiencias en familia

Ya casi no queda nada de la Rebeca Segebre Matera que solía ser.

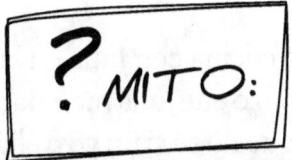

«A los niños no se les debe decir que son adoptados».

La mentira no es una buena compañera. Primero, porque las mentiras siempre se descubren y salen a la luz en los peores momentos. Las mentiras que uses para adoptar o para «tapar» el hecho de que tus hijos son adoptados volverán a ti como un bumerán más adelante.

Es importante aclarar aquí que si existe el deseo de adoptar en una pareja, esta debe hacerlo siguiendo las leyes de su país. No es bueno hacer fraudes y cosas ilegales donde las madres biológicas le entregan los niños a la madre adoptiva en el hospital y ella sale del hospital como si hubiera dado a luz. No es bueno mentir en estos asuntos porque lo que hace es que les complican la vida a todas las personas involucradas.

El milagro de la adopción

En la adopción internacional esto es aun más delicado y se han escuchado historias de personas que han quedado presas. El que no se ajusta a las leyes de adopción entre países será considerado ladrón de niños el día que intente sacar a su hijo del país. Es mucho mejor decirles a tus hijos que son adoptados y hacerlo de manera creativa. Por ejemplo, déjame contarte una historia que viví hace poco con mi hija Julia.

Sentada junto a la ventana de la cocina con Julia en las piernas, de alguna manera la nieve hizo que Julia recordara el orfanato en Rusia. La verdad es que no sé si fui yo o ella, pero la niña me pidió que le contara sobre el día que nos conocimos:

«El día que te conocí es inolvidable. Mami y papi habían orado a Dios por una niña hermosa a quien amar y ese día en un orfanato de Rusia me trajeron una bella niña. La miré a los ojos (yo aprovecho siempre para mirarla a los ojos como si fuera la primera vez), y cuando la miré a los ojos, ella comenzó a llorar».

Julia siempre me hace la misma pregunta: «¿Por qué, mami, por qué lloraba la niña?». Cada vez, le contesto lo mismo: «Creo que porque ella no sabía lo que estaba pasando» y, continuando la historia, ahora sería mi turno para llorar.

«Yo me puse a llorar porque pensé que tal vez yo no le gustaba a ella. Así que las ayudantes de aquel orfanato, la enfermera y la niñera, tomaron a la niña mientras me aseguraban que quizá tuviera hambre y por eso lloraba.

»Sin embargo, al traerla de nuevo y en cuanto me miró a los ojos (otra oportunidad para mirarla a los ojos como si fuera la primera vez), ella volvía a llorar y las ayudantes la tomaron otra vez de mis brazos, asegurándome que la niña tal vez tuviera fiebre. Yo dejé de llorar, y mientras esperaba, pensaba que a lo mejor la niña tenía miedo porque no sabía lo que estaba sucediendo. Una vez más trajeron a la bella bebé. Parecía una muñeca como las que venden en las mejores tiendas, pero tan pronto me miró a los ojos, se puso a llorar. Esta vez, me pidieron las ayudantes que les entregara la niña y los siguiera a la sala cuna donde estaban todos los demás niños.

»Había muchos niños y niñas. Todos eran muy hermosos. Yo miraba por todos lados a este mundo nuevo para mí. Era la primera vez que veía un grupo de niños menores de dos años en un orfanato en Rusia. Así que no sabía qué pensar ni qué sentir. De repente, mis ojos se detuvieron sobre esa niña (otra oportunidad que tengo para mirarla a los ojos mientras le cuento la historia). Había una luz especial sobre ella y yo supe en esos momentos que era mi hija. A papi le ocurrió exactamente lo mismo al estar de pie al lado mío. Los dos vimos la luz sobre ti. Tú, Julia, eres esa niña especial que Dios nos guió a adoptar».

Siempre consigo que ella sonría en esta parte de la historia.

«Luego, me senté en una silla y una niña de dos años, bella, se me acercó para que la cargara. Cuando tú te diste cuenta, viniste gateando donde estaba yo y las ayudantes te sentaron a mi lado en el sofá. Yo te toqué tu dedo pulgar y tú me sonreíste. Tu primera sonrisa para mami. Ya Julia sabía que podía estar tranquila con mami».

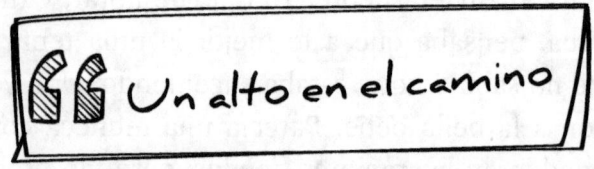

Las primeras cosas con nuestros hijos

¡Julia y David vieron su primer arco iris ayer! Justo desde nuestra ventana que da al lago. Tenía mi cámara en mano y pude tomar una imagen de la cara de Julia de sorpresa y de cómo su papi celebró ese momento a su lado con orgullo. La levantó en sus brazos y los dos miraban sonriendo hacia el mismo arco iris.

Una de las alegrías de la paternidad es estar ahí para las «primeras» cosas que hacen los niños: Sus primeras impresiones, palabras y experiencias. Al ser un padre adoptivo, la cantidad de «primeras» experiencias que podemos disfrutar con nuestros hijos son menores.

Podemos lamentar y decir: «¿Qué pasaría si hubiéramos tenido la oportunidad de adoptar a nuestros hijos a una edad

Nuestras primeras experiencias en familia

más temprana?» o podemos saborear y atesorar como si fuera una joya cada una de las oportunidades que podemos disfrutar. He elegido la segunda opción. Le doy gracias a Dios por encomendarme la tarea de ser madre del corazón.

11
El trabajo de una madre del corazón

Llegó el momento de guiar y proteger

Una manera de explicarles... A nuestros hijos su pasado es contándoles una historia sobre su adopción.

Sin duda, hay muchos aspectos delicados en la formación de un hijo. En cierta manera existe un afán, un tipo de urgencia, en ciertas cosas debido a la edad. Por ejemplo, cosas tan sencillas como: «Debo enseñarle a no chuparse el dedo ahora, porque si crece haciendo de esto un hábito, todos lo pagaremos muy caro cuando nos toque ir al dentista a hacer los ajustes».

También existen los más delicados como la alimentación apropiada que garantice el crecimiento adecuado en los niños. A nosotras las madres adoptivas nos toca una tarea más y esta es una de nuestras mayores preocupaciones:

¿Cómo les explicamos el proceso de la adopción a nuestros hijos de una manera real? Es decir, ¿cómo se lo decimos sin que parezca un cuento de hadas que no se puede creer o sin nada de detalles que les haga pensar que les ocultamos la verdad?

Algunas madres piensan que la mejor manera de contarles a los hijos su adopción es insistir en la parte donde la madre no los tuvo en su vientre, pero los «escogió» de entre muchas alternativas. Esto parece romántico, pero no es la verdad en la adopción. En realidad, este es un mito. Nadie entra en un orfanato y mira a cien niños y escoge a uno para adoptar. Estas son solo fantasías. Como madre adoptiva, no tengo que insistir en esa falsa historia por el temor a que los sentimientos de mis niños se vayan a lastimar. Bueno, para mí es sencillo: Dios escogió a mis hijos.

La historia de la adopción

La manera en que les hablo a mis hijos acerca de su pasado es a través de historias. Me encanta relatar historias, así que antes de conocerlos, ya les estaba escribiendo las historias de nuestro futuro. Ahora bien, la mayoría de las historias que escribí serían buenas para un libro de cuentos más adelante y no necesariamente para contarles su historia a mis hijos. Una cosa sí es segura, le diré a mi hijo que el Señor nos reunió porque es la respuesta obvia para mí.

Una de las historias que les cuento a mis hijos se llama así: «Mami, ¿qué ibas tú a saber?».

El trabajo de una madre del corazón

Esta es la historia donde la mamá biológica no podía cuidar de su niño y, al mismo tiempo, había una pareja que quería tener un hijo y en oración se lo pidió a Dios. Esperaban en Dios con gozo en el corazón y siempre se intrigaban de las siguientes cosas:

- ¿Cuál sería el nombre de los niños que ya Dios nos había escogido? Él no me había dicho el nombre de mi hijo todavía, pero sabía que le había elegido para nosotros.

- ¿Dónde, en este mundo gigantesco, estarían esos niños? Estaba segura de que el Señor había elegido a nuestro hijo, solo teníamos que esperar con calma en Él, a fin de poder escuchar y seguir sus instrucciones, pues es lo que nos conduciría por el buen camino.

- ¿Quién nos ayudaría a encontrar a nuestros hijos? No sabíamos a dónde ir a buscar ayuda, pero sabíamos que si poníamos toda nuestra atención a ese silbo apacible de parte de Dios, lograríamos entrar en una aventura increíble con su ayuda.

Entonces, Dios hizo que conociéramos a nuestros hijos usando un instructor especial que nos informó a nosotros los padres acerca de un niño y una niña que necesitaban un hogar. Sabíamos que sería Dios el que colocaría a nuestros hijos en el camino. Dios nos diría lo que ya había escogido para todos nosotros.

El día en el que al fin conocieron a esos niños, que también buscaban un padre y una madre, los padres sintieron una paz y un gozo inmensos en el corazón.

Esta clase de historia le da la gloria a Dios y tiene como objetivo resaltar la verdad de que Dios ha sido bueno con nosotros y con nuestros hijos. La historia puede contener aun más detalles, por ejemplo:

> Una mañana de marzo, recibimos una llamada muy especial: Nos comunicaban que tu nombre era Julia y que nos esperabas en Rusia. Tu historia, Julia, comenzó hace tiempo. Papá y mamá queríamos tenerte y le pedimos a Dios que te trajera a nuestras vidas.

En mi investigación de madre adoptiva, he encontrado que la mejor manera de añadir detalles a las historias de adopción es cuando hacemos menciones a su tierra natal o aludimos a la misma. Cada una de las historias que les contemos a nuestros hijos, al igual que como hice en este libro para adultos, incluye información sobre las costumbres, la arquitectura, el medio, los alimentos y algo de vocabulario de los países de origen. No hay nada más hermoso que darles a nuestros hijos, así sean tan pequeños como tres años, una compilación de datos interesantes sobre su pasado. El objetivo de esto es que el niño tenga una manera de explicarle a otra persona que lo adoptaron.

También es importante quitar lo traumático de la historia y hacerla algo natural. Sin embargo, quiero enfatizar en esto.

Cuando les cuento a nuestros hijos su historia, no les narro un cuento de hadas. Más bien les explico cómo sucedió nuestra cita celestial.

Parte del proyecto de este libro, El milagro de la adopción, y asimismo el movimiento **Deja tu huella**, es tener otros recursos para familias que han adoptado. Se trata de lo que tal vez se pueda proveer mediante una comunidad en internet o un libro donde padres adoptivos puedan compartir un espacio especial y escribir el nombre del niño o la niña, el país de origen, una fotografía significativa de ese país y un espacio para una foto de la familia completa con el niño adoptado.

Esperabas una mamá y un papá

Es posible contarle al niño desde otra perspectiva: «Nos avisaron que había un bebé que esperaba un papá y una mamá. Cuando vimos tu foto, pudimos ver que en verdad tenías deseo de tener una mami y un papi y nosotros decidimos que queríamos ir a conocerte. Allí te encontramos... Eras muy grande [o pequeñito, gordito, bello] y tenías los ojos grandes [o pequeños, abiertos, cerrados] y tus deditos eran largos [o gorditos, chiquitos]. Desde entonces te recibimos como un hijo en esta familia».

Nosotros le colocamos a todas las historias los elementos de nuestra fe. No porque deseábamos enseñarles nuestra fe, sino porque nuestra fe en Dios fue el ingrediente esencial en este encuentro.

La construcción de una historia

Esto es lo que escribí en mi boletín electrónico acerca de la construcción de una historia:

Rebeca

Es importante construir la historia con nuestros hijos adoptivos. Esto se hace con historias que les contamos, fotos que traemos de nuestro viaje de adopción y fotos desde el momento en que nos hicimos familia. Los vínculos familiares se van creado poco a poco y es nuestra labor irlos recopilando y mantener las memorias. A eso le llamo la creación de los «Ebenezer» modernos. Es decir, levantar monumentos o escoger «piedras» que podamos colocar en nuestra casa como recuerdo de que, un día, nos hicimos familia y que aún estamos comprometidos a seguir juntos construyendo nuestro futuro.

El trabajo de una madre del corazón

> Si nos sentimos incapaces de construir la historia de adopción de nuestros hijos, es probable que como padres veamos aún la adopción como algo que fue muy doloroso y triste, algo de lo que todavía nos avergonzamos. Esto nos roba la oportunidad de ver que ese proceso, aunque fuera doloroso, nos trajo una gran bendición.

Contemos la bendición y olvidemos el dolor. El dolor solo se explica a fin de darle ánimo a los que comienzan el camino, de tal manera que sepan que se puede permanecer firme en el proceso y conseguir la meta deseada con éxito. Cuando confieso mis temores, desafíos y dolores en la travesía de la adopción, es con el propósito de traer consolación a aquel que lo requiere. En 2 de Corintios 1:4 leemos lo siguiente:

> Él nos consuela en todas nuestras dificultades para que nosotros podamos consolar a otros. Cuando otros pasen por dificultades, podremos ofrecerles el mismo consuelo que Dios nos ha dado a nosotros.

Si no tenemos la confianza para contarles la historia real a nuestros hijos, existe la posibilidad de comprar libros de niños que narren historias de adopción. Nosotros tenemos una de un patito que se llamaba Chocko. Más adelante, Julia y David tendrían a un patito abandonado en casa al

El milagro de la adopción

cual le llamamos Chocko Chocko Pick. Este nombre se debe a que yo le puse Chocko, David le puso el nombre Chocko y Julia le puso el nombre de Pick. Fue increíble vivir la aventura de adoptar nuestro Chocko Chocko Pick.

Otra manera que he adoptado para contarles su historia, aun antes de los tres años, es a través de canciones como estas:

> Viniste de lejos,
> Mi alma ganaste,
> Con ojos de ensueño.
>
> De Dios el tesoro,
> Que vino a su tiempo,
> A mami alegrar.
>
> Tan cerca te tengo,
> Muy dentro, muy fuerte,
> En el corazón.
>
> Con Dios de testigo,
> Prometo quererte,
> ¡Por siempre un montón!

Con la melodía de «Duérmete mi niño», canto esta:

> Tú eres el niñito de mi corazón,
> Perfecto regalo que vino de Dios.
> Arrurú mi niño, ya durmiendo estás,
> Mami va arrullarte el alba despertar.

Y esta la canto con la melodía de «Chiquito bebé, mi niñito chiquito, yo te amo»

El trabajo de una madre del corazón

Amada de mi alma, muñeca bonita,
Mami te ama.
En mi corazón, siempre tú estarás,
Mami te ama.

Amada muñeca, que a mi lado estás,
Duerme tranquila,
Que en la mañana, tan pronto despiertes,
Mi amor aún tendrás.

A Julia:

De lejos viniste mi alma alegrar,
Con ojos de ensueño y voz celestial.

¡Qué linda la noche cuando estrellas hay!
¡Qué bella la vida, la luz Dios nos da!

Regalo precioso de Dios eres tú,
Regalo bendito por Él que te envió.

Todo fue orquestado por un Dios de amor,
A ti una madre, a mí una flor.

Ayer esperanza, hoy la rosa: ¡Tú!
Primavera de vida, vigor, juventud.

Una canción para David (mucho antes de tenerlo)

Tú eres el niñito de mi corazón,
Perfecto regalo que vino de Dios.
Arrurú mi niño, ya durmiendo estás,
Mami va arrullarte el alba despertar.

Cautivada por tu sonrisa que muestras al hablar,
Adorno de tu boquita, es de mami el panal,

Papi ya está conquistado, ansía ver tu faz.
¡Que ya sea de mañana tu dulce miel contemplar!

El alimento y el amor dan resultados

En toda relación, escuchar es la mejor manera de encontrar las palabras que debemos expresar en realidad. Si «escuchamos» lo que expresan las palabras de nuestros hijos, sabremos lo que necesitaremos decirles, a fin de poder conquistar su atención de modo que el mensaje de amor y aceptación encuentre lugar en su corazón.

Como madre, estoy pendiente de su comportamiento, sus acciones y sus actitudes. También me he analizado en cómo respondo a los desafíos que sus comportamientos causan en mí. He descubierto que Dios también me quiere hablar por medio de ellos, sobre todo hace que sea consciente de lo que aún no he perfeccionado en mí: Más gracia y más paciencia para toda ocasión.

El trabajo de una madre del corazón

Rebeca

Mis hijos están creciendo y una prueba de ello es que, a pesar de que David estaba por debajo del dos por ciento de su crecimiento deseado cuando llegó de Rusia, solo un año después estaba en la escala con el setenta y cinco por ciento. Cuando el médico me lo dijo, no podía creerlo. Dos años más tarde, David llegó al noventa y cinco por ciento de su desarrollo. A decir verdad, este es el milagro de la adopción.

El trabajo de una madre es «dar vida»

El trabajo de una madre no es solo dar a luz a su hijo. Ser madre incluye el trabajo de la nutrición. Supongo que a veces se puede pensar por error que unir un espermatozoide y un óvulo y llevarlo nueve meses en el vientre es todo el trabajo que incluye «darles vida» a nuestros hijos. Sin embargo, estoy más convencida cada día que esto es solo la manera en que Dios nos da un indicio de lo que significa ser madre.

Sin duda, en la concepción ya somos padres de familia y le podemos cantar y hablar a esta vida dentro de uno. Una vez que nace el bebé, el trabajo de un padre de «traerlo a la vida» se establece de una manera diferente, aunque todo el proceso continúa a lo largo de la vida. En otras palabras, el embarazo es solo un indicio de lo que se necesita para darles vida a nuestros hijos.

Por ser madre adoptiva de niños bastante pequeños, sé que tengo que impartirles vida a mis hijos todos los días. Soy consciente de los efectos de la nutrición, no solo física, sino emocional y espiritual también. Mis hijos ganaron el cincuenta por ciento de su peso cuando estuvieron con nosotros el primer mes. Creo que crecieron en todos los aspectos porque les dimos de comer lo que en verdad alimentaba sus cuerpos, pues elegimos sus comidas con mucho cuidado.

Aun así, las comidas y todo lo que hice por ellos de manera física obraba al mismo tiempo con una receta completa que «mezclaba» el amor y el afecto. Les cantaba canciones nuevas que hacía de forma exclusiva para ellos. Les hablaba palabras de aliento y bendición. Oraba por ellos y los motivaba. Eso fue lo que los hizo florecer. Mientras yo hacía todas estas cosas, era conciente de que no eran solo «cosas buenas» para hacer, sino que estaba trabajando en ellos un proceso que, al igual que en el vientre, tiene como objetivo darles vida.

El trabajo de una madre del corazón

Esta verdad se hizo más evidente un día que mi marido me dijo: «Tú me estás matando con tus palabras. Nunca hago nada bien». Esta es una expresión, pero tiene algo de verdad. La Biblia dice: «Algunas personas hacen comentarios hirientes, pero las palabras del sabio traen alivio» (Proverbios 12:18).

Muchas madres biológicas tienen la oportunidad de ser madres intencionales desde el principio. A la frase «dar vida» la definiría de esta manera: «Darle tu corazón a tus hijos todos los días». Hablando con una buena amiga, me di cuenta de la importancia de «dar vida» a propósito. Su madre adoptiva cuenta la manera en que conoció a su tercer hijo adoptivo. Al parecer, se enteró del nacimiento de un niño prematuro y que los médicos lo declararon «un caso perdido». Entonces, esta mujer lo abrazó y le dijo: «Lo voy a amar y a cantarle para que tenga una madre por estas cuantas horas que le quedan de vida». Esta madre del corazón vio florecer poco a poco esa criatura como resultado de sus palabras, canciones y caricias. Lo mantuvo vivo amándolo y orando por él. Las palabras sobre ese bebé frágil en aquel momento fueron la medicina que hasta hoy le ha permitido vivir como hombre adulto. Ese es el milagro del que hablo: Un milagro del corazón de una madre que todavía, y siempre, les da vida a sus hijos.

¡Qué triste es cuando los padres biológicos no son conscientes de este hecho! Los padres biológicos, al igual que los padres adoptivos, pueden errar en este punto y descuidar la mayor tarea de darles vida a los hijos todos los días.

Una expresión muy popular es la que dice que una madre adoptiva es la que dio a luz a sus hijos con el corazón. Aun así, creo que esa es la tarea de cada madre y cada padre, ya sean adoptivos o biológicos. Se trata de la tarea que como padres adoptivos llegamos a disfrutar y la tarea que los padres biológicos y adoptivos no podemos olvidar.

Cuando los padres maltratan a sus hijos de alguna manera, hacen justo lo contrario de lo que significa el principio de «dar vida». Cuando un padre les da palabras de afirmación a sus hijos, es muy bueno. Incluso, a veces lo hacemos de manera instintiva, pero estoy insistiendo en que debemos comenzar a hacerlo con intención y conocimiento, a fin de poder ser eficientes en nuestra tarea de darles vida a nuestros hijos.

La crianza de los hijos después de la adopción

Estas son parte de las indicaciones que he escrito en mi libro *Un minuto con Dios para parejas*, referente a esta tarea crucial de un hombre:

Ama a tu esposa. Sí, lo mejor que un hombre puede hacer por sus hijos es mostrarles que ama a su esposa.

El trabajo de una madre del corazón

Esto les traerá seguridad, pues si tú abandonas a su madre, se seguirán inseguros de tu compromiso con ellos.

Pasa tiempo con tus hijos. Otra tarea importante de padres es pasar tiempo al lado de los hijos. He aquí una lista de cosas que podemos hacer para asegurarnos que tenemos ese tiempo con nuestros hijos:

- Crea rutinas diarias con ellos.
- Comienza el día con ellos disfrutando el desayuno sentados a la mesa del hogar.
- Termina tu tarea de padre antes de dormir. Mantén una rutina en la que les bendices y oras por ellos. (Mi esposo también les lee una historia bíblica).
- La cena en nuestra casa, cuando no estamos de viaje, se hace con todos en la mesa.
- Compartir las tareas domésticas con ellos de acuerdo con la edad. Esto nos asegura que estamos creciendo en proximidad y ellos aprenden de lo que hacemos.

Sin embargo, ¿qué es ser un buen padre?

Cuidarnos como seres humanos primero, a fin de poder cuidar a nuestros hijos después.

- Cuidar nuestro matrimonio.

El milagro de la adopción

- Nutrir a nuestros hijos en todos los aspectos.
- Guiar el corazón de nuestros hijos hacia Dios.
- Enseñarles las virtudes y los valores primordiales de la vida.
- Hacer tiempo de calidad y cantidad para divertirnos.
- Amarlos, mostrarles afecto y decirles: «Te amo», «Lo siento», «Perdóname».

«Todos los problemas que tengo con mi hijo son porque lo adoptamos. El pobre, no lo voy a disciplinar más. Ya sufrió bastante en la vida por ser adoptado».

Existen muchos desafíos cuando se adoptan niños y uno de los mayores es a la hora de la disciplina.

Muchos de nosotros queremos asegurarnos del amor de nuestros hijos y a veces decimos: «Bueno, si los disciplino demasiado fuerte o de la manera debida, no me van a amar». Esto es en verdad un error. Uno tiene que atreverse a ser padre y parte del amor es la disciplina. Creo que el miedo a disciplinar tiene que ver también con algunos de los mayores temores al adoptar, pues pensamos: «¿Será que este niño me va a poder amar como se amaría a un padre biológico? ¿Será que yo podré amar a este niño como mi propio hijo aunque no sea de mis entrañas?».

Le doy gracias a Dios que me he atrevido a amar a mis hijos y he ocupado mi lugar de madre muy en serio. Creo que existe una vitamina muy importante que necesita todo niño. Esta se llama la vitamina «N», de la palabra «NO».

Nuestros hijos biológicos o adoptados necesitan aprender que no son el centro del universo. Hasta los adultos que quieren salirse con la suya todo el tiempo se encuentran sin amigos en este mundo o, si son demasiado talentosos en lograr siempre lo que quieren, puede que crezcan como líderes de movimientos de sectas religiosas. Estoy exagerando para poder probar mi punto. En realidad, muchas veces no le decimos «no» a nuestros hijos adoptados porque nos sentimos que el mundo está en deuda con ellos debido a sus trágicos comienzos. Esto no es algo bueno para alimentar en el corazón de ningún ser humano, ya que los conduce a la amargura.

Además, cuando llegan los problemas de comportamiento en un niño adoptado, debemos primero mirar si es algo normal para un niño de su edad. Luego, debemos analizar si es algo con lo que hay que lidiar debido a que este niño es un ser individual con su propia personalidad. A continuación, debemos considerar si se trata de algo que le ocurrió en el pasado y si son problemas propios de niños adoptados. No todos los problemas que enfrentes con tus hijos adoptados se deben a la adopción. Esto es un mito, una actitud que dañará tus nervios y perjudicará la autoestima de tu hijo adoptado.

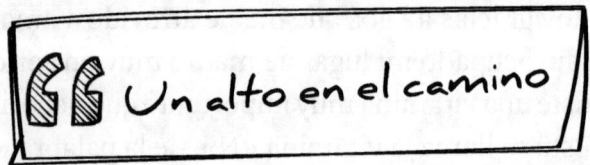

La adopción y el corazón de Dios hacia el huérfano lo vemos en Jeremías 5:28-29:

> Están gordos y con aspecto saludable, y sus obras de maldad no tienen límite. Rehúsan dar justicia al huérfano y le niegan los derechos al pobre. ¿No habría de castigarlos por esto? —dice el Señor—. ¿No habría de vengarme de semejante nación?

El trabajo de una madre del corazón

En este capítulo 5 de Jeremías, Dios se refiere al pueblo de Israel como una vez lo hiciera con las ciudades de Sodoma y Gomorra. Dice que no encontraría un hombre en su pueblo que haga justicia y que busque la verdad. Cuando llega al versículo 28, Jeremías nos dice lo que Dios le recrimina a su pueblo y, para mi sorpresa, Dios se desagrada de un pueblo que se ha hecho próspero y que no juzgó la causa del huérfano y del pobre. En este pasaje, Dios habla de castigar a su pueblo. Entonces, ¿cuál fue su pecado? No alegar el caso de los huérfanos hasta ganar y no defender los derechos de los pobres.

Los siguientes versículos del capítulo 5 de Jeremías muestran el corazón del pueblo. Se trataba de un pueblo interesado en escuchar cosas bonitas y palabras proféticas mentirosas que agraden a sus oídos. No puedo si no ver que dentro de la iglesia de hoy, en algunos sectores del pueblo de Dios, se está viviendo la realidad de esa época de Jeremías. Los tiempos cambian, los gobiernos desaparecen, pero Dios no cambia. Lo que condenó ayer, aún le parece errado hoy, porque Él no es hombre para cambiar de parecer.

Por eso hemos comenzado un movimiento llamado **Deja tu huella**, el cual te hace el siguiente desafío: «¿Estás viviendo una religión pura o lo tuyo es pura religión?». Únete a este movimiento en www.RebecaSegebre.org.

Hace un tiempo, le preguntaba al Señor: «¿Por qué es puro y verdadero cuidar del huérfano y la viuda?». Creo que he entendido que es por el simple hecho de que el huérfano no es culpable de quedar sin padre o madre, al igual que la viuda no es culpable de quedar sin su esposo. Cuando están en necesidad, Dios quiere ser el que los abrigue, de modo que lo hace por medio de su pueblo.

Por el capítulo 5 de Jeremías, nos damos cuenta que Dios está enojado con el pueblo. Así que hoy más que nunca debemos escuchar el desafío de Dios de vivir una religión pura, esa que ayuda a los que necesitan su justicia, y mantenernos separados de los patrones de este mundo de modo que no nos contaminemos con sus maneras de ver la vida.

En resumen, ¿qué es la religión pura? Veamos lo que nos dice Santiago 1:27:

> La religión pura verdadera a los ojos de Dios Padre consiste en ocuparse de los huérfanos y de las viudas en sus aflicciones, y no dejar que el mundo te corrompa.
>
> **Santiago 1:27**

De acuerdo con este versículo, necesitamos responder a esta pregunta: «¿Tienes tú una religión pura o lo tuyo es pura religión?».

12

El extravagante amor de Dios

Nuestro llamado a visitarlos

Me sentí inadecuada, insuficiente y empequeñecida.

Mis hijos discutían y peleaban por un juguete, así que decidí intervenir y pensé que el asunto sería algo sencillo, una más de muchas correcciones que estoy dispuesta a hacer como mamá.

Una de las cosas que mis amigas me han alabado es la valentía de atreverme a ser la madre adoptiva de David y Julia. Además, a no rendirme a la tentación de tomar la disciplina como un enemigo que va a confundir el amor que les tengo, sino una manera más de demostrarles que los amo con todo el corazón.

Al llegar al cuarto y escuchar las declaraciones de mi hijo, sentí ganas de vomitar: «La vida no me ha dado nada. Yo no

El milagro de la adopción

tengo nada», le decía David a su hermana, Julia, porque ella tenía un coche de muñecas y él no. David quería usar el coche de muñecas como un carrito de supermercado y le hubiera gustado tener uno de regalo en Navidad. Sin embargo, ya se le había olvidado que también recibió sus muchos regalos de Navidad, entre ellos el carro que nos pidió.

Cuando pasé por el lado de la discusión y me enteré de las declaraciones de mi hijo, me dio ira, mucha ira. Así que lo puse de penitencia y le dije: «Nunca jamás quiero escuchar esas palabras de tu boca. Nunca quiero volver a escucharte decir que la vida no te ha dado nada». Entonces, me di cuenta que comencé a hablar tonterías que salían de un corazón con un dolor que no sabía de dónde venía y que no necesitaba descargar todo esto sobre mi hijo. A pesar de eso, seguí con los disparates: «¿Sabes lo que te dio la vida? La vida te dio la vida». Y no sé de dónde, mi corazón vomitó y me salieron de la boca con mucho dolor estas palabras: «¿Tú sabes cuántos niños se quedaron en Rusia, David? ¿Cuántos?». A continuación, tuve que salir del cuarto porque no aguantaba las lágrimas de casi desesperación.

Luego, lo dejé de castigo y me fui al jardín de mi casa a llorar y a conversar con Dios. Me atreví a recordar aquellos huérfanos que no quise detenerme a mirar porque era muy dolorosa la verdad de que se quedarían y tal vez nunca lo adoptaría alguna familia. Le recordé al Señor que he visto muchos huérfanos y cuánto me gustaría que me usara para ayudarles. Incluso, comencé a decir cosas personales como estas: «Soy una madre de dos hijos que sabe que no puede con más de dos hijos, tal vez tres o cuatro, debido a mi egoísmo. Una madre que aún me tienes viviendo una vida difícil en la que mis emociones se levantan, de modo que más hijos significan más oportunidades de tener mis emociones dolidas y alteradas. ¡Qué condición tan triste!». Entonces, recordé lo que soy: «Una madre común y corriente de dos hijos pequeños que tiene la edad de ser su abuela y que, por error, la han confundido con una mujer ejemplar solo porque Dios le dio la oportunidad de ir a buscar a sus hijos, en vez de dármelos del vientre». Ya todos podemos notar que el enemigo de mi alma es el que le dice a mi corazón lo «poca cosa» que soy.

Como es natural, en ese momento comenzaron los mensajes aun más sutiles del enemigo. Las mentiras más difíciles de resistir son esas que les transmiten a nuestra mente mientras sentimos dolor. Así que me dije: «Si yo fuera extraordinaria de verdad, tendría la capacidad de ir y hacer algo por los que se quedaron en los orfanatos de Rusia».

La penitencia no puede durar mucho tiempo. Así que al ser ya el turno de regresar y arreglar mis gritos, decidí ir a pedirle perdón a mi hijo de cinco años:

—David, perdóname que te grité. Sabes que mami te ama, ¿verdad? —le pregunté y, luego, le dije— David, en tu vida una vez estabas en el grupo de los niños que no tenía nada. Esos niños no tenían papá ni mamá. Entonces, Dios nos habló a tu papá y a mí y nos dijo que te buscáramos a ti

El milagro de la adopción

y a tu hermana, Julia, y los hiciéramos nuestros hijos. Ese día, tú llegaste a ser nuestro hijo y eso significa que hoy tienes un papá y una mamá. Los niños que se quedaron en el orfanato no tienen papá, ni mamá, ni ropa propia, ni comida, ¿tú me entiendes?

—Sí, mamá —me contestó él.

—Entonces, David, cuando tú pienses que no tienes nada, tienes que entender que eso no es verdad. Eso es una mentira. Dime, ¿por qué es mentira, David? ¿Qué tiene David? —le pregunté.

—Tengo un papá y una mamá.

—Muy bien, ¿qué más tiene David? —le pregunté.

—Comida.

—Muy bien —le dije, y ahora estaba emocionada porque era obvio que me prestaba atención, así que lo desafié aun más—: ¿Qué más tiene David?

—Salud —me contestó.

—Perfecto, ¿qué más? ¿Qué más tiene David?

—Dios —respondió enseguida.

En ese momento, comencé a llorar, porque esa es la verdad. Mis hijos tienen a Dios. Y era como si Dios me hablara en ese instante y me dijera: «Tal vez no les puedas dar hogar a todos los niños de Rusia, ni darles comida, ni ropa, pero puedes darles a Dios, el amor de Dios. Rebeca, tú no eres una heroína y no tienes que demostrarle a nadie que lo eres. A pesar de eso, tú le diste a David el amor de Dios, que es lo más importante, y les puedes hacer esto a todos los huérfanos con los que te encuentres en la vida».

Conozco lo suficiente a Dios para saber que sus respuestas no son solo para escuchar como quien lee filosofía o poesía, sino que sus palabras son siempre prácticas y reales. Así que le pregunte: «Sí, Señor, eso puedo hacerlo, ¿pero cómo lo hago?». Y Dios me contestó en el corazón con una sola palabra: «Visitándolos». Eso fue lo que Jesús dijo que hiciéramos.

Recuerdo cuando en mi época de universitaria estábamos construyendo el templo para mi iglesia, el «Centro Bíblico» en Barranquilla, Colombia. Las personas que vinieron de los Estados Unidos para ayudarnos a colocar ladrillos pudieron ahorrarse los miles de dólares que usaron para comprar los pasajes y hoteles y pudieron enviar el dinero para comprar materiales de construcción. Sin embargo, hay algo que sucede cuando «visitamos»: El amor de Dios va y visita a los que «visitamos» nosotros y los cambia por siempre. Yo he estado en el otro lado recibiendo y puedo entenderlo.

Ante esta idea, muchos cristianos me han dicho: «¿Visitarlos? Eso no puedo hacerlo. Se me partiría el corazón. No podría ir y ver a niños sin padres y después dejarlos y quedarme triste por lo que me ha tocado ver».

A eso le llamo una excusa patética. Aun así, no te sientas mal, todos la hemos usado en algún momento de nuestras vidas.

¿Qué fue lo que les predicó Jesús a sus discípulos antes de ir a la cruz? ¿Qué les dijo dos días antes? Quiero recordarte que Él no les dijo: «Me voy y, bueno, quería recordarles las claves del éxito, las diez llaves para llegar a tu destino con felicidad y los diez principios para asegurarles que serán multimillonarios». No, lo que Él nos pidió fue que «visitáramos». Así es, Dios nos pidió que visitáramos a cierta clase de personas, pues en la visita, el amor de Dios va a fluir a través de nuestras arterias y ya no podremos ser iguales jamás. Ahora seremos plenamente felices y subiremos en la escala de la verdadera felicidad.

Ahora, esto tiene mucho más sentido. Lo primero que hay que hacer para ser feliz en el matrimonio o en cualquier relación es «salir del yo», doblegar el egoísmo y decidir salir para poder tocar y alcanzar primero al que está más cercano a nosotros, al prójimo más cercano: el esposo, el hijo, la mamá, el papá, etc.

Jesús «alcanzó a los de afuera» cuando «salió» del camino habitual y decidió entablar una conversación con una samaritana... Jesús «alcanzó a los de afuera» cuando tocó a los leprosos. Jesús «alcanzó a los de afuera» cuando nació en un pesebre. Jesús «alcanzó a los de afuera» cuando murió en una cruz, porque ese no era el lugar para que el Rey de gloria. Y nosotros lo seguimos a Él.

Dios nos llamó a «alcanzar a los de afuera», a salir de nuestra comodidad y alcanzar al mundo.

La historia del patito enfermo

Recuerdo el día que llevamos a la veterinaria a un patito que su mamá pata lo abandonó y se veía enfermo. Entonces, la mujer nos dijo: «Esto es lo que llamamos huérfanos por una razón». Y mientras nos miraba a la cara sin emociones, continuó: «Es decir, su madre abandonó este patito por una razón justificada». De pie, allí al lado de mi hija, Julia, me paralicé del dolor y todo lo que podía oír era: «Huérfanos por una razón y abandonados por una razón justificada». La veterinaria no se dio cuenta que mi cara se ponía roja y me siguió diciendo: «El patito tiene una cabeza muy pequeña y es probable que no esté bien. Tal vez fuera un loco de la cabeza cuando crezca, si es que logra crecer». Julia estaba allí aún de pie a mi lado. Escuchaba toda la historia y no ayudaba el hecho de que yo hubiera usado el libro que cuenta la historia de un pato para explicarles su historia de adopción.

El milagro de la adopción

Rebeca

Mi experiencia con el patito enfermo me llevó a pensar en que cuando nos abandonan, siempre hay una razón que parece justa detrás de esa decisión. Lo único que pude pensar fue: «¿Cómo es que muchos padres han abandonado a sus hijos después de un divorcio? ¿Cuál es la razón justa? Es hora de seguir adelante». No pude evitar pensar en mis dos niños que los abandonaron al nacer por una razón «justa». Uno de mis «patitos rusos» estaba tan enfermo que se pensaba que no tendría futuro. Y mi otro «patito», de una raza indeseable, nació en el regazo de una mujer muy pobre.

Dios tenía un montón de razones para abandonarnos a nosotros, pero no lo hizo. Seguimos creando familias de lo que algunos podrían pensar que debieron ser eliminados de inmediato a través del aborto. El pecado era razón suficiente para que nos abandonaran. Sin embargo, Jesús tomó y sintió el abandono en la cruz en nuestro lugar.

Decidimos darle un hogar a Choko Choko Pick. Por las próximas doce semanas fue parte de nuestra casa hasta que murió. Ya no me da vergüenza confesarles lo que hice el día que murió Choko Choko Pick: Le pedí al Señor que me lo regalara en mi mansión celestial.

Lo que abandonaron algunos se ha convertido en mi mayor tesoro

Cuando mezo a mis hijos para dormirlos, me pregunto: «¿Qué haría María?». No me tomen a mal por la pregunta. Creo que solo ella podría respondernos bien esta otra pregunta: «¿Qué debería hacer yo como madre si supiera que el hijo que está en mis brazos es un hijo de Dios?». En realidad, ese hijo no es producto de mis entrañas, pero lo han puesto a mi cuidado con un propósito especial. ¿Qué pasaría si toda madre sintiera la responsabilidad que sintió María al ser la madre de Jesús?

> Mami, ¿qué ibas tú a saber que tu hijo varón se llamaría David?
> Mami, ¿qué ibas tú a saber que tu hijo varón vendría a ti de Rusia?
> ¿Qué ibas tú a saber que este pequeño varón sería tu mayor gozo
> y el precioso niño que hoy meces es un bello regalo de Dios?
> ¿Qué iba yo a saber?

El milagro de la adopción

Así le canto en las noches a mi hijo David con la melodía de una canción navideña estadounidense que habla de la sorpresa de María cuando tuvo en sus brazos al Salvador del mundo. Y, claro, canto la misma canción para Julia:

Mami, ¿qué ibas tú a saber que tu hija mujer se llamaría Julia?
Mami, ¿qué ibas tú a saber que tu hija mujer vendría a ti de Rusia?
¿Qué ibas tú a saber que esta pequeña niña sería tu mayor gozo
y la bella nena que hoy meces es un precioso regalo de Dios?
¿Qué iba yo a saber?

En realidad, ¿qué iba yo a saber? ¿Qué iba yo a saber que del dolor podría nacer algo tan bello? ¿Qué iba yo a saber que Dios me regalaría más de lo que mi corazón se atrevía a pedir? ¡Qué gozo el saber que me escogieron para ser la madre adoptiva de mis hijos y que el amor que llevo dentro viene directo del Señor! Asimismo, ¿qué iba yo a saber que aprendería de Dios más como madre que como cualquier otra cosa? ¿Qué iba yo a saber que mi mayor gozo me lo trajo Dios después de atravesar el valle oscuro de la infertilidad? ¿Qué iba yo a saber que entendería mejor su amor por mí en la cruz y que desearía, como María, encontrarme una vez más allí con Él para ellos y para poder perdonar?

El día que mis hijos enfrenten su dolor, les diré: «Acéptame como tu madre». Entonces, espero poder llevarlos a la cruz y que sea el mismo Jesús el que les diga a David y a Julia que me acepten en su corazón a conciencia del dolor de su pasado. Tengo mi esperanza en el amor de Dios que es infalible. Su amor me alcanzó, me transformó y me sostiene cada día. Su promesa es real para mis hijos también:

> A todos los que se lamentan en Israel les dará una corona de belleza en lugar de cenizas, una gozosa bendición en lugar de luto, una festiva alabanza en lugar de desesperación. Ellos, en su justicia, serán como grandes robles que el SEÑOR ha plantado para su propia gloria.
>
> **Isaías 61:3**

Sin duda, esta esperanza no acaba en desilusión, pues Dios nos da el Espíritu Santo para llenar nuestro corazón con su amor. Es más, el Espíritu nos llena de poder, habilidad y eficiencia a fin de poder amar:

> Y esa esperanza no acabará en desilusión. Pues sabemos con cuánta ternura nos ama Dios, porque nos ha dado el Espíritu Santo para llenar nuestro corazón con su amor.
>
> **Romanos 5:5**

Una celebración privada en Macondo

Me habían invitado de manera informal a fin de que estuviera en una gran convocatoria en la iglesia Lakewood, del pastor Joel Osteen, donde Luis Palau terminaría su cruzada de una semana y podría tener la oportunidad de volver a reunirme con las personas importantes del ministerio. Por un lado, estaba emocionada; pero por otro lado, no me sentía bien en ir. Así que hablé con Dios y le pregunté: «¿Por qué tengo dudas en mi corazón de ir a un lugar que no debería pensarlo dos veces? ¿Estoy siendo orgullosa o es solo tonterías mías?». A lo que el Señor me habló muy bien al corazón y me recordó que Él estuvo en la tierra treinta y tres años y nunca visitó Roma, aunque sí pasó y se quedó dos días en Samaria. La historia dice que Jesús dijo que «tenía que pasar por Samaria» (Juan 4:4).

Para mí fue suficiente saber que no necesariamente tengo que ir a la mayor iglesia del país para sentirme que logré llegar a la plenitud de lo que Dios tiene para mi vida. Así que, tranquila, ahora podía disfrutar con mis hijos de un bello sábado juntos.

Mientras íbamos en el auto hacia el parque público de nuestra ciudad, mi hermano me llamó y me pidió que lo visitara y pasara el tiempo con sus hijos y él, mientras Tracy, mi cuñada, estaba fuera por algunas compras. Algo normal de familia, todos nos sentimos felices de ir a visitar a los primos. Cuando llegamos, mi hermano nos preguntó si teníamos planes para Semana Santa. Entonces le dije que mis suegros venían para finales de Semana Santa y que yo tenía una invitación, pero que había decidido no ir. De inmediato, mi hermano dijo que nos quería regalar unas vacaciones en Cartagena esa semana acompañados por ellos. Fue una invitación muy especial y, por supuesto, aceptamos el regalo y la invitación.

Sin embargo, no sabía que Dios tenía mucho más para nosotros de lo que me podía imaginar. Mi hermano solo puso una condición: «No decirle a ningún familiar ni amigo que iríamos de visita». Al principio, pensé que era algo cruel, pero después de pasar por la experiencia entendí que Dios no quería que fuera a Colombia para que mis familiares conocieran a mis hijos, sino para que mis hijos conocieran mi país. Y así fue. Dios ha querido que este libro de mi historia de adopción termine en Cartagena, Colombia, y que honre a mi patria y a mi legado al lado de mis hijos.

Cuando llegamos al hotel Santa Clara, un viejo convento de monjas a la orilla del mar, no me imaginaba que mi hermano escogería la suite presidencial para él y su familia, y para nosotros la mejor suite después de la suya, y con la mejor vista. El apartamento tenía un gran balcón que daba hacia la ciudad vieja y amurallada. Mi lugar de residencia era de dos pisos y en la ventana de mi cuarto se veía la terraza y todo lo de los vecinos de al lado al atravesar la calle. La casa de enfrente era la de Gabriel

El milagro de la adopción

García Márquez. Bajé a mi balcón y miré desde la muralla a la casa de al lado. Podía divisar unos pies viejos mecerse en una mecedora. ¿Podría ser Gabo?, me dije, sobre todo porque tenía las ventanas lo suficiente abiertas como para poder ver a través de ellas y lo bastante cerradas como para que no lo viera nadie a él.

Mi sobrina, Natasha, llegó a mi cuarto y me preguntó:

—Tía, ¿puedo ir a tu balcón? Mami dice que desde allí podemos ver la casa de un gran escritor colombiano. Tú eres también escritora, tía. ¿No te gustaría conocerlo?

—Me encantaría, Nana.

No había terminado de decir sí cuando Natasha me grita:

—Mira, tía, ¿ese es el escritor que se ganó el Premio Nobel de Literatura? ¿Es él?

Miré hacia abajo y vi al hombre viejo caminando desde su acera hacia un auto preparado para viajar a la hora del almuerzo. Mi hermano vino al escuchar nuestro bullicio y desde mi balcón le gritó a Gabo:

—Gabo, mi profesor de matemáticas era tu mejor amigo, ¿te acuerdas? Lucho Correa.

Conocí a Gabo como uno se imaginaría que se conoce a la gente en Macondo. Mi hermano le tiró desde mi balcón uno de mis libros Un minuto con Dios y le dijo:

El extravagante amor de Dios

—Gabo, este libro es de mi hermana, te lo regalo.

Lo único que le faltó a mi hermano decirle es que yo era la estudiante favorita de su amigo favorito. Y la verdad es que nunca lo había analizado de esa manera. Podía haber conocido a Gabo cualquier día en el que mi buen profesor Luis Correa hubiera querido adular a su mejor estudiante de matemáticas. «Lucho» me definía como «una niña que sonreía con la boca apretada, pero que es todo un "coco"».

Llevé a mis hijos a Cartagena y conocí a Gabriel García Márquez a lo «Macondo». Mi hermano tuvo su propia aventura con Gabo, porque se quedó mucho más tiempo en la ciudad... ¡y no contaré la historia porque él es un escritor un tanto más prolífico que lo que soy yo! No obstante, en resumen, mi hermano logró regalarle una bella Biblia de cuero a Gabo y uno de mis libros a cada miembro de su casa. Ya siento que somos buenos amigos y creo que lo somos. Él me regaló firmado su libro *Cien años de soledad*, y yo le regalé mi primer libro *Un minuto con Dios*. Después de recibir mi libro, Gabo me cambió el nombre de su libro a *Cien años de felicidad para Rebeca*. Espero que Gabo no espere a los cien años para tener un minuto significativo con el Dios que lo busca para amarlo. ¡Qué bella experiencia!

Mi hermano nos sorprendió con otra aventura. Parecía que iba a llover y nos dijo: «Hoy nos vamos para Barranquilla. Súbanse a la camioneta y nos vamos a pasar el día en nuestra ciudad». ¡Qué aventura tan especial tener a David en mis piernas mirando por la ventana del auto mientras entrábamos a la ciudad de Barranquilla!

«David, esta es la ciudad en la que nació tu mami Rebe». Él quería tragarse todo el aire de Barranquilla con una sola respiración. Su pasión por la vida es obvia cuando entiende lo significativo de los acontecimientos. Julia, más tierna y menos expresiva, se vino a mi lado para recibir de mami este bello regalo: La visita de la ciudad que vio nacer a su madre.

Mi madre patria, mi ciudad natal, Barranquilla. Creo que no hay una ciudad en el mundo con tantas canciones dedicadas a ella. No se trata de que sea la ciudad más bella del mundo, sino que de alguna manera logra inspirar y brotan de ella cosas muy buenas. Además, ¡motivan a alabar al Creador con canciones!

Al regresar en la noche de nuestra aventura familiar en Barranquilla, los niños ya estaban dormidos y era hora de llevarlos a la cama. Yo descansaba con David en mis brazos. El hotel Santa Clara tiene la peculiaridad de que su balcón interno es gigantesco. Allí hay sillas y sofás de mimbre para sentarse a disfrutar la brisa de la tarde o, como esa noche, escuchar las canciones en vivo que vienen del restaurante del primer piso.

Por un momento me miré: Tenía a mi hijo en los brazos, yo, una mujer estéril. Una barranquillera que hace veinte años vive en Estados Unidos tiene hoy en su regazo a un bello niño ruso que me ha adoptado para que sea su madre. Entonces, por un momento entendí que mi vida es de todo punto una imposibilidad. A decir verdad, no entiendo cómo llegué hasta aquí. Así que con mis ojos llorosos y humillada por mi condición, le pregunté al Señor: «¿Cómo ocurrió todo esto?». Al alzar la vista para mirar la puerta del cuarto donde dormía mi hermano con su familia, vi la fotografía que lo explicaba todo: El cuadro de un Cristo crucificado. Ese cuadro es una de las pocas cosas que nos recuerdan que este lugar fue un convento en otro tiempo. Sin embargo, es la respuesta a mi pregunta de cómo pasó todo esto.

De repente, pude ver mi propia historia de redención. Los dedos de Dios están en cada parte de la historia de mi vida. No ha sido solo en la adopción de mis hijos. Él me ha adoptado suya y ha hecho posible todo lo demás. Incluyendo estas hermosas vacaciones.

«No sería capaz de visitar un orfanato, pues eso sería muy doloroso para mí».

La primera vez que fui a un orfanato y visité a los niños, puedo decir que experimenté la mayor felicidad que sintiera jamás. Fui más feliz que nunca en Brasil visitando a los niños huérfanos. Por más de un mes que estuvimos en ese viaje en Brasil, mi esposo y yo tuvimos un ritual. Después del almuerzo, nos levantábamos para irnos al orfanato que dirige nuestra amiga Marta. Nos turnábamos con los niños que llevaríamos al centro comercial, a comer pizza o a jugar en un parque. Muchas veces nos quedábamos en el orfanato jugando con los pequeñitos que aún no iban a la escuela y esperábamos a los mayorcitos para llevarlos a un paseo con nosotros. En esa época había sacado un CD de música titulado «Sin vacilar» y los niños del orfanato eran mis principales fans. ¡Se sabían mis canciones en español! Nos encantaba estar con esos niños. Nuestro corazón latía con más fuerza y el mundo se volvía diferente. Hasta las preocupaciones habituales parecían no tener el mismo efecto en nuestra mente.

Por eso, hemos hecho una promesa que es personal y en las hojas de trabajo te dejamos una para que la llenes según te guíe Dios:

En cuanto a mí:
Quiero permanecer en ti, agradarte y llevar mucho fruto.
Quiero vivir una vida *significativa* de fecundidad en gozo.
También sé que *Dios provee* cuando respondemos nosotros.

He aquí las *verdades* y la *realidad* que deben dirigir nuestras decisiones con respecto a los huérfanos:

El extravagante amor de Dios

1. Dios ama de manera profunda a los huérfanos, los pobres y los marginados.
2. Dios quiere amarlos por medio de mí.
3. La verdadera alegría llega cuando participamos con Dios en el cuidado de las personas que están cerca de su corazón.
4. He experimentado el amor incondicional de Dios.
5. La alegría y el contentamiento vienen cuando nos extendemos para alcanzar a los otros.

Únete al movimiento **Deja tu huella** en www.RebecaSegebre.org.

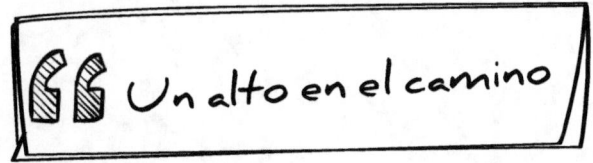

¡Extravagante! Esa es la palabra que viene a mi mente cuando pienso en el amor de Dios.

El amor de Dios es extravagante, como un novio enamorado perdidamente que no mide el precio de sus presentes y regalos.

Así fue que le dije no a Tejas, pero sí a Macondo.

El milagro de la adopción

No, al puesto de primera fila en la gran iglesia... sí, al balcón de un viejo convento mirando la cruz. Aunque ya tenía asegurado el puesto en la primera fila con los grandes, Dios me había dado una silla en el balcón que daba a la imagen de su Hijo en la cruz.

Y es así que en esta historia de adopción Dios dijo:

No a Brasil... pero sí a Rusia.

No a la mega iglesia, pero sí a un antiguo convento católico.

No a una gran convocatoria transmitida por la mayor cadena de la televisión evangélica, pero sí a una celebración privada en Macondo.

Epílogo

El secreto del amor

En mi primera visita... A un orfanato en Brasil, entendí que Dios ama de manera profunda a los huérfanos, los pobres y los marginados. Cuando obedecemos el mandamiento y los «visitamos», Dios visita al huérfano por medio de nosotros. Asimismo, al acercarnos a los que son el objeto de su amor, sentimos en nuestro corazón la inmensidad del amor de Dios hacia ellos y esto nos cambia.

La visita a los huérfanos en Brasil y el sentimiento de impotencia de no poder adoptar a algún niño, me enseñó que Dios es, en realidad, el Padre del huérfano. Aun así, Dios quiere amarlos por medio de mí. La verdadera alegría llega cuando participamos con Dios en el cuidado de las personas que están cerca de su corazón.

En Rusia, experimenté el amor incondicional de Dios durante nuestro proceso de adopción. En la adopción de mis hijos, Dios me mostró que Él incluso me ama a mí de

El milagro de la adopción

manera profunda. Hoy puedo decirle a Dios: «Padre, tú no solo amas a los huérfanos, ¡también me amas a mí!».

Si no hubiera sido por el dolor de la infertilidad, nunca habría conocido a David y a Julia. Hoy, ya en familia con David y Julia, disfrutamos del sentimiento más enorme de alegría y el contentamiento cuando somos partícipes de llevar el amor de Dios a quienes Él ama. En esto se encuentra el secreto del amor, pues Dios es la fuente de ese amor y, cuando Él lo derrama en nuestras manos, el río continúa fluyendo y se convierte en una fuente para quienes lo reciben.

Esto es similar a lo que sucedió en la multiplicación de los cinco panes y los dos peces. En esa oportunidad, Jesús miró hacia el cielo y bendijo al pan. Entonces, al dar gracias por la provisión a Dios, realizó el milagro de la multiplicación para todos los presentes. La multiplicación fue tan grande que sobraron doce canastas de pan.

De esa misma manera, Dios llama a su iglesia a la tarea de alcanzar al huérfano. Para muchos, la tarea no es solo pesada, sino agobiante y aburridora. A decir verdad, es una molestia, pues no les gusta. Lo cierto es que la tarea, al igual que en la alimentación de las cinco mil personas con solo cinco panes, es imposible en realidad. Por eso, los únicos que podemos lograrlo somos nosotros, la iglesia. Con tal objetivo, necesitamos el poder sobrenatural del Espíritu de Dios y el amor de Dios Padre. Esto no nos debe confundir. Después de todo, ya hemos repetido bastante

Epílogo

el versículo que dice: «Todo lo puedo hacer por medio de Cristo, quien me da las fuerzas» (Filipenses 4:13).

Todos tenemos el llamado a amar con un amor gigantesco: El amor del reino de Dios. Cuando amamos de esa manera, comprendemos que el secreto del amor no es hacer grandes cosas para Dios, sino hacer cosas pequeñas con un amor gigantesco que proviene de Dios.

La manifestación del amor de Dios

- En este viaje hacia la adopción de nuestros hijos, el amor de Dios se extendió más allá de lo que imaginábamos:
- El amor de Dios alcanzó a «B» el niño de brasil y, al final, encontró en su psicóloga a su madre adoptiva.
- A los cuatro hermanitos del orfanato en Brasil que no pudimos adoptar, los adoptaron a todos en el mismo hogar donde les aman.
- Varias familias decidieron adoptar al ver el programa de TV que hicimos con David y Julia sobre la adopción. Este programa se transmitió por mucho tiempo en Enlace y varias parejas se comunicaron con nosotros para pedir orientación en el proceso. Además, hemos visto las fotos de muchos niños adoptados en Rusia con las mismas características de los nuestros.

El milagro de la adopción

- Nuestras oraciones por los niños que se quedaron en los orfanatos recibieron respuesta. Hace poco, hablando con los directivos del canal de televisión TBN Rusia, nos contaron cómo la iglesia en Rusia está asumiendo la responsabilidad por sus huérfanos. TBN Rusia está colocando la infraestructura en cada orfanato de Rusia para tener «La sonrisa de un niño». Se trata de un canal de televisión que les enseña a los niños los principios básicos de la vida y les educa. Para mayor información y vídeos, visita **www.RebecaSegebre.org**. Si quieres colaborar con este proyecto y otros más, hazte miembro de la comunidad el milagro de la adopción. Necesitamos tu ayuda a fin de instalar estos canales en todos los orfanatos de Rusia, pues debemos llegar a setecientos orfanatos más en el país.

El otro día vimos una foto de una niña que unos amigos nuestros adoptaron en Rusia y Julia dijo con profunda satisfacción: «¡Qué bueno, mami! Nuestras oraciones están dando resultados».

Cuando logramos mirar a los ojos del Padre, llenos de amor hacia al mundo, el huérfano y nosotros, desaparecen todos nuestros «NO». Él te ama. Él quiere multiplicar su amor en tus manos. Así que no lo hagamos por obligación, ¡sino por amor!

Epílogo

Otros libros de Rebeca Segebre

Un minuto con Dios para parejas

Las reflexiones cortas y prácticas de este libro te ayudarán a enfocarte en aspectos básicos de tu relación matrimonial. Además, es un recurso valioso que te inspira a perseverar en el matrimonio como un pacto sagrado firmado ante Dios.

Confesiones de una mujer Positiva

En este libro, Rebeca hace una serie de confesiones que, sin duda, te harán pensar que no eres la única persona que enfrenta grandes desafíos. Por lo tanto, para encontrar respuestas saludables a todas las interrogantes de la vida, tenemos que refugiarnos en la Palabra de Dios y confesar las verdades que nos enseña.

Notas:

Notas:

REBECA SEGEBRE
MINISTRIES

Para más información, recursos y eventos visita:
www.RebecaSegebre.org
www.Vive360.org
E-mail: rebecasegebreweb@gmail.com

Medios sociales:
Facebook: @RebecaSegebreOficial
Instagram: @RebecaSegebre
Twitter: @RebecaSegebre

ACERCA DE LA AUTORA

Rebeca Segebre es ingeniera de sistemas, maestra de la Biblia, graduada en teología y prolífica escritora, reconocida en el mundo hispano por su trabajo con la mujer, huérfanos y la adopción. Se hizo muy conocida a través de sus primeros cinco libros éxitos en ventas y sus populares reflexiones *Un minuto con Dios*. Ella además es la presidenta de Editorial Güipil. En el área empresarial se ha destacado como gerente de proyectos para las empresas americanas Fortune 500. Rebeca además es conferencista y fundadora del movimiento *Mujer valiosa*; que provee recursos, capacitación, libros y seminarios mensuales gratuitos. *Mujer valiosa* es parte del esfuerzo para capacitar a la mujer latina con materiales basados en las Sagradas Escrituras.

Rebeca Segebre Ministries una organización sin fines de lucro 501(c3) con el deseo de equipar a la mujer latina de todas las edades y ayudarla a ser una mujer sana y prospera.

Artículos, audios, videos, estudios bíblicos de Rebeca Segebre Ministries.

Eventos, libros y conferencias de Rebeca.
www.RebecaSegebre.org
www.MujerValiosa.org

Cursos de la academia *Escribe y Publica tu Pasión*
www.EscribeYpublica.com/seminario

Otras obras por Rebeca Segebre

Un minuto con Dios para parejas

Confesiones de una mujer desesperada

El milagro de la adopción

Un minuto con Dios para mujeres

Confesiones de una mujer positiva

5 secretos que te impulsan al éxito

Mi vida un jardín

Afirmaciones divinas

Una nueva vida

Las siete virtudes del éxito

Símbolos de navidad

Planner Demos Gracias

Tú naciste para escribirlo

Positiva en tiempos de crisis

Un minuto con Dios para emprendedores

SABIDURÍA DIVINA Y TRANSFORMACIÓN EN COMUNIDAD
con Rebeca Segebre

www.RebecaSegebre.org

Creado para Amigos VIP de Rebeca Segebre

SABIDURÍA DIVINA Y SUPERACIÓN EN COMUNIDAD

Encuentra la guía y el apoyo que necesitas para finalmente crecer afirmada en tu fe y avanzar en tu propósito de vida.

Tu sanidad emocional y crecimiento espiritual son la clave de tu prosperidad.

Si sabes que necesitas disminuir la ansiedad, sacar lo negativo de tu vida, superar el temor y el dolor de experiencias pasadas, encontrar paz, mantenerte sana, prospera y positiva...

"ESTOY AQUÍ PARA AYUDARTE".

- Rebeca Segebre

Sana y Próspera es una membresía mensual con las herramientas, entrenamientos y la mentora que necesitas para profundizar en el conocimiento de las sagradas escrituras y *finalmente ser consistente* en diseñar un estilo de vida lleno de bienestar, prosperidad y sabiduría divina.

En *Sana y Próspera* estoy comprometida contigo en: Entregarte sólo la información correcta, guias y herramientas que necesitas para que, con mi ayuda las vayas incorporando adecuadamente a tu vida.

Sana y Próspera es un estilo de vida que construimos por medio del estudio de la Palabra y la aplicacion de tecnicas espirituales que te ayudan a retomar el camino lo antes posible a tu sanidad y prosperidad.

"Amado, yo deseo que tú seas prosperado en todas las cosas, y que tengas salud, así como prospera tu alma." 3 Juan 2-4 (RVR1960)

**Conviértete en Sana y Próspera,
únete a la comunidad V.I.P. de Rebeca Segebre aquí:**

www.RebecaSegebre.org/amigas

El recurso en línea # 1 para escribir, publicar y vender tu libro. Inscríbete hoy para descubrir y aprender todo lo que conlleva llegar a ser un autor de éxito en el mundo editorial de hoy y cómo tu también puedes lograrlo.

www.EscribeyPublica.com

www.ingramcontent.com/pod-product-compliance
Lightning Source LLC
LaVergne TN
LVHW051514070426
835507LV00023B/3115